KB153503

억대 연봉자의
메모 수첩

억대 연봉자의
메모 수첩

Technique of Making a Note.

헤럴드 셔먼 지음 | 김용환 편역

경영자료사

억대 연봉자를 만들어주는 가장 훌륭한 무기

비즈니스 사회에서는 메모와 스케줄 수첩은 필수적이다.

필자가 성공학에 대해서 연구를 시작하면서 많은 성공자들을 만나봤는데, 뛰어난 비즈니스맨, 즉 억대 연봉을 받는 사람치고 메모를 하지 않거나 스케줄 수첩이 없는 사람을 본 적이 없다.

물론 그 가운데는 회사 경영자 입장에서, "비서가 있으니 스케줄 수첩이 필요 없다."는 사람도 있다. 물론 스케줄만 관리한다면 스케줄 수첩이나 메모가 필요 없을 수도 있다.

그러나 메모지는 비즈니스맨에게 경영자원인 시간을 만들어내고, 생각하는 공간이며, 정보를 축적하는 공간이고, 목표와 계획을 결정하는 공간이다. 따라서 메모지나 스케줄 수첩은 창조성과 치밀함, 성실함을 가져다주는 최고의 무기이다.

현재 우리는 정보와 지식이이 홍수처럼 넘치는 21세기에 살고 있다. 매일 수많은 정보와 지식을 접하면서 의사를 결

정하고 그에 따라 행동한다. 따라서 정보와 지식을 효과적
으로 이용하는 것이 모두에게 지워진 과제이다. 이런 과제
를 충실하게 수행하기 위해서는 메모라는 무기를 사용하지
않으면 안 된다.

　본서는 수많은 정보와 지식 속에서 메모를 활용하여 현
대를 지혜롭게, 성공적으로 살아가는 억대 연봉자들의 메모
기술과 스케줄 수첩 활용 방법에 대해서 서술했다.

　이들의 메모기술을 통해서 독자들이 그들에게 억대 연봉
을 가져다 준 메모의 기술을 모두 익혀 성공적인 사람을 누
리기를 바라는 마음 간절하다.

Herold Sherman

■차 례

VI. 메모활용의 극대화

제2부 억대 연봉자의 스케줄 수첩 작성법

I. 스케줄 수첩의 형태

제1부

억대 연봉자의 메모의 기술

Ⅰ
메모의 의미

시간은 변화하는 재산이다. 그러나 시간의 모방 속에
있는 시계는 단순히 변화만 시킬 뿐
재산을 만들지 않는다.

- R. 타고르

시간을 효율적으로 관리하게 된다

메모를 하는 대부분의 사람들은
잊기 않기 위해서 메모한다.

　여유 있게 생활하는 사람들에게는 사실 메모는 필요 없는 존재일지도 모른다.

　그러나 많은 직장인들 특히 억대 연봉을 받는 사람들에게는 메모가 꼭 필요한 필수품이다. 왜냐하면 억대 연봉자는 가장 바쁜 비즈니스맨이거나 직장에서 적어도 관리자나 팀장의 위치에 있기 때문에 만나야 할 사람이 많고, 방문해야 하는 거래처들도 많기 때문이다.

　한 조사에 의하면 보험설계사가 보험 상품 하나를 파는데 적어도 3~4번은 고객을 만나거나 방문하는 것으로 나타났다. 이 조사 대로라면 보험설계사가 이렇게 많은 횟수로 방문해야 하는데 억대 연봉자는 아마도 그 이상일 것이다. 따라서 눈코 뜰 새없이 바쁘게 움직이다 보면 약속이나 해야 할 일, 중요한 일을 잊어버리기 쉽다.

비즈니스맨이나 직장인 누구나 관계없이 해야 할 일, 만나야 할 사람을 간단히 메모해두면 잊어버리지 않게 됨은 물론 시간을 효율적으로 관리하게 되고 시간을 절약하게 된다.

인간이란 망각의 동물이므로 잘 잊어버리게 된다. 그러나 메모를 해두면 기억하려고 머리를 쓰지 않아도 되고 마음에 여유가 생긴다.

메모를 하는 대부분의 사람들은 잊지 않기 위해서 메모한다. 그러나 억대 연봉자는 잊지 않기 위해서 메모도 하지만 잊어버리기 위해서도 메모를 한다.

스케줄 수첩에 오늘 하루의 일정이 적혀있으면 머리를 쓸 필요 없이 수첩만 펼쳐보면 된다.

억대 연봉자에게 메모는 시간을 가장 가치 있게 보내기 위한 중요한 도구이다.

잠깐! 비즈니스 영어상식 1

Chairman, CEO, President의 차이점

내게 상상 회사는 회사 전체의 운영을 감독 감시하는 이사회와 현장 업무 감독 지휘하는 경영진으로 구성되어있다.

Chairman(회장)은 바로 이사회 의장을 말한다.

President(사장)은 회사 내에 재무적으로 독립된 비즈니스 부분의 장을 뜻한다.

CEO(Chief Executive Officer)는 한 회사 내에 여러 사업 부분이 있을 경우 존재하는 여러 명의 사장을 대표하는 사람이다.

자신을 관리해 주는 메모

긴장감이나 집중력을 그대로 살릴 수 있도록
하기 위해서 메모한다.

억대 연봉자 중에는 자신을 잘 관리하기 위해 메모하는
사람도 있다. 그들에게는 메모가 자기 자신을 지시, 명령하
는 지침서가 되고 있다.

어느 억대 연봉자는 어떤 사람을 만났을 때, 또는 감동을
받은 일이나 중요한 계획 등에 대해서 '잊어서는 안 돼.' 하
고 그 자신에게 명령이나 지시를 내리는 것으로 메모 수첩
을 사용하고 있다.

메모를 해둠으로써 기억해두면 좋은 아이디어나 일정 등
은 그의 것이 되어버린다. 또한 중요한 일을 맡게 되거나 고
객들로부터 무슨 부탁이나 지시를 들었을 때 메모를 해둠으
로써 그 당시의 긴장감이나 집중력을 그대로 살릴 수 있도
록 하기 위해서 메모한다.

메모의 가치와 그 중요성을 깨닫지 못한 채 작성하는 메

모는 건성이기 쉽다. 억대 연봉자들은 메모의 습관이 몸에 베어 메모를 하게 되므로 일상생활에 매우 중요하게 활용하고 있다.

특히 일을 진행하는 데 있어서 메모는 그들이 일을 가장 효과적으로 할 수 있도록 도와주는 도구가 되고 있다. 메모를 함으로써 상사나 오너의 명령을 잊지 않게 되고, 메모가 기획이나 아이디어의 자료가 되기도 한다.

억대 연봉자들은 목적을 가지고 있으므로 그들 자신만의 스타일로 메모를 하고 또 오랫동안 메모를 하게 되는 것이다.

MEMO

머리를 쓰는 사람들의
필수적인 도구

좋은 아이디어가 떠오르거나 유익한 정보가
있으면 즉시 메모한다

억대 연봉자는 거의가 머리를 많이 쓴다. 단적으로 그들은 머리로 돈을 번다. 그래서 그들은 자나 깨나 돈이 되는 아이템이나 사업이 없을까 궁리한다.

아이디어는 누구에게나 때를 가리지 않고 떠오른다. 그런데 어느 누구도 이 때 '나중에 정리하지' 하고 곧바로 메모를 해두지 않으면 금방 잊어버린다.

회의할 때에도 마찬가지다. 상대방의 의견을 들었을 때는 이해가 가서 머리를 끄덕거리지만, 막상 끝나고 나면 그 말이나 취지가 전혀 떠오르지 않는다. 회의에서 발언자나 프레젠테이션의 진행자가 아무리 가슴에 와 닿는 말을 해도 메모하지 않으면 기억나는 것은 고작 두세 가지에 불과하다.

그래서 억대 연봉자는 메모를 한다. 그런데 그도 처음에

는 상대방의 말을 듣는데 집중하여 중요한 핵심들을 메모하
는 것을 잊어버리는 경우가 많았다.

그러나 그들은 메모를 자주 하게 되면서 습관이 되고 생
각을 줄이게 되고 그 대신 펜을 움직이게 되었다. 그리하여
항상 스케줄 수첩이나 메모지를 휴대하고 다니다가 좋은 아
이디어가 떠오르거나 유익한 정보가 있으면 즉시 메모한다.

그들은 회사 회식 자리에서도 메모 수첩을 가지고 있다
가 기발한 아이디어가 떠오르면 즉시 적는다. 그리하여 그
들은 메모하는 일이 습관화 되어버린 것이다.

오늘의 스케줄

• PM

• AM

메모지와 필기도구는
필수품이다

외출할 때에도 조그마한 메모수첩과 필기도구를
항상 주머니에 넣고 다닌다.

메모는 완성된 문서나 기록서가 아니다. 생각하면서 동
시에 적어가는 미완성의 문서이며, 순간적으로 생각나거나
보고 들은 것을 잊어버리지 않기 위한 기록이다.

따라서 메모에서 가장 중요한 요소는 신선함과 스피드이
다. 그러므로 억대 연봉자들은 이를 실천하기 위해서 시간
이 걸리는 문장으로 적지 않고 암호나 기호 또는 핵심 단어
를 나열하는 항목별 기술을 활용한다.

이렇게 하기 위해서 억대 연봉자들은 항상 주위에 메모
지와 필기도구를 준비하는 습관이 들어있다.

억대 연봉자들은 외출할 때에도 조그마한 메모수첩과 필
기도구를 항상 주머니에 넣고 다닌다.

억대 연봉자들은 회사 내에 있을 때에는 차분히 앉아 기
획을 세울 때에는 컴퓨터를 사용하지만 그와 동시에 책상

위에 메모지를 항상 준비하고 있다.

　사무실에서는 이면지가 많이 나온다. 억대 연봉자들은 그 종이를 이용하여 아이디어가 떠오르면 메모용지로 사용한다. 그런 다음　퇴근 시간 5분 전에 그 내용들을 다시 좀 더 상세히 메모해둔다.

MEMO
- -
- -
- -
- -

메모의 힘

메모를 잘하는 연봉자들의
흉내를 내어라.

유능한 억대 연봉자 중에는 메모를 잘 하는 사람이 있고, 메모를 아예 하지 않는 사람도 있다. 메모를 전혀 하지 않는 사람도 훌륭한 시스템을 갖추고 있다. 즉 유능한 비서나 참모가 있어서 대신해서 메모를 하기 때문이다.

메모를 잘 하는 사람들은 거의가 지성적인 사람들이라고 말할 수 있다.

메모 하기를 원하지만 잘하지 못하는 사람이 있으면, 메모를 잘하는 연봉자들의 흉내를 내거나 그들로부터 방법을 배우는 것도 메모기술을 향상시키는 방법 중의 하나이다. 본서의 취지도 여기에 있는 것이다.

당신 주위에는 억대 연봉을 받는 사람으로 메모를 잘하는 사람이 있을 것이다. 아니면 당신이 다니는 회사의 간부들 중에도 메모를 잘 하는 사람이 있을 것이다.

'어떻게 해야 일을 잘할 수 있는지, '실적을 올릴 수 있는 방법은 무엇인지' '왜 그 사람은 일을 잘해 연봉을 억대나 받는지'에 대해 곰곰이 생각을 해보라.

그리고 그들을 잘 관찰해보라. 그러면 메모의 위력과 기술을 알게 될 것이다. 당신이 속한 회사에서 억대 연봉을 받는 사람들이 일 처리 방법과 남 보다 실적을 두 배 이상으로 올리는 가장 좋은 방법이 무엇인지 주의 깊게 살펴보라. 그러면 곧바로 그들은 모두 메모의 광이 아니면 메모를 잘하는 참모나 비서가 있음을 알게 될 것이다.

잠깐! 비즈니스 영어상식 2

회의 중에 자리를 일어설 때의 표현

회의 중에 다른 볼 일이 있어 자리를 뜰 때 사용하는 표현은 자연스러우면서 편안한 분위기를 연출하는 것이 좋다.

Sorry, I've got to go(죄송하지만 가봐야겠습니다.)
Sorry, I've got to take off.(죄송하지만 일어서야겠습니다.)
Sorry, I had better be going.(미안하지만 가봐야겠습니다.)

메모하는 습관을 들인다

억대 연봉자들은 메모를 습관화하기 위해
일부러 한가한 시간을 만든다.

메모는 습관화되어야 한다. 습관화가 되어있지 않으면 잘 잊어버리기 때문이다. 그런데 억대 연봉자들은 메모를 습관화하기 위해 일부러 한가한 시간을 만든다. 아무것도 하지 않고 있으면 머릿속에 떠오르는 것이 있기 때문이다. 그러면 그들은 그것을 적는다.

조용한 커피숍에서 조용히 앉아서 무료한 시간을 보내다가 굵직한 아이디어가 떠오르자 그것을 메모하는 억대 연봉자도 있다. 억대 연봉을 받는 CEO 중에 일주일에 한 번씩 일부러 퇴근시간에 커피숍에 들려 지난 한 주를 점검하고 다음 주를 준비하는 기업인도 있다.

몇 가지 업무를 병행해서 추진할 때는 더욱 더 조용한 시간을 가져야 문제점을 발견할 수 있다는 것이 그들의 주장이다.

억대 연봉자들은 적어도 일주일에 한 번, 한 시간씩 혼자만의 시간을 갖고 메모하면서 메모의 습관을 들인다.

포스트잇을 잘 사용한다

포스트잇은 무작위로 쓴 메모를
나중에 주제별로 나누어 정리하기 편하다.

억대 연봉자들 중에 메모지로 포스트잇을 사용하는 사람들이 있다.

포스트잇이란 가로 7.5cm, 세로 2.5cm의 노랗고 작은 메모지 묶음이다. 손 안에 쏙 들어오는 책갈피형의 작은 포스트잇이 억대 연봉자들이 좋아하는 메모지다.

메모만 한다면 그보다 더 작은 종이로도 충분하다. 하지만 그들이 메모한 종이를 나중에 수첩이나 노트 등에 붙여서 정리하기 위해 편리한 포스트잇을 사용하고 있는 것이다.

억대 연봉자들은 번뜩 떠오르는 생각이나 길을 걷다가 발견한 정보를 차례차례 포스트잇에 메모한다. 당연히 그 중에는 그들이 즉시 사용할 수 있는 것도 있고, 일단 메모했다가 나중에 다른 정보와 결합했을 때 의미를 가지는 내용도 있다.

그래서 그들은 포스트잇에 무작위로 쓴 메모를 나중에 주제별로 나누어 정리하는 것이다.

단순한 정보의 수집뿐만 아니라 정리와 편집, 구성과정을 거쳐 기획입안과 이용에 이르기까지 일련의 흐름을 생각하면 마음대로 붙일 수 있고, 뗄 수 있는 포스트잇을 사용하는 것이다.

MEMO

정보수집 · 보관을 위한
메모 노트

- TV 시청시 메모 노트
- 인터넷 메모 노트
- 메일 메모 노트
- 잡지 읽을 때의 메모 노트

TV시청 시 메모 노트

시청일시: 20 년 월 일(요일) AM(PM) 시

• 목적:_____

_____

• 프로그램 명_____

_____

• 내용:_____

_____

_____

• 중요사항_____

_____

_____

_____

_____

_____

• 작성요령

① 메모의 목적에 따라 프로그램을 정한다.

② 프로그램의 진행사항을 주시하면서 메모한다.

③ 표 · 도표 등을 적극 활용한다.

인터넷 메모 노트

일시: 20   년   월   일(요일)

• 인터넷 명: _____
_____

• 홈페이지 명: _____
_____

• 내용: _____
_____
_____
_____

• 중요사항: _____
_____
_____

• 특기사항: _____
_____

• 작성요령
① 화면을 보면서 어떻게 메모할지 결정한다.
② 같은 업종의 홈페이지가 얼마나 있는지 검색해본다.
③ 표를 만들어 각 사이트를 비교해본다.

메일 메모 노트

• 메일발송자:

• 발송일자: 20 년 월 일(요일) AM(PM) 시 분

• 메일내용:

• 답신 여부:

• 답신 내용:

• 작성요령

① 메일 답장 여부부터 확인한다.

② 답신의 필요가 있는지 확인한다.

③ 누구에게나 똑 같은 내용의 메일을 보내는지 확인한 후 메모한다.

잡지 읽을 때의 메모 노트

잡지 명   월간   주간   계간

- 읽은 시기: 20   년   월   일(요일) ~   월   일까지

- 목   적: _____

- 내   용: _____

- 중요사항: _____

- 참고도서명: _____

- 작성요령

① 목적에 부합한 잡지를 선택한다.

② 중요사항은 중요도에 따라 순서대로 메모한다.

③ 메모한 다음에는 다시 내용을 읽은 후에 파일처리나 별도로 보관한다.

메모의 기술 1.

1.떠오르는 즉시 메모한다.

자신의 기억력을 의존해서는 안 된다. 떠오르는 대로 즉시 메모해야 한다.

2.모든 기록을 파일로 처리해 둔다.

모든 자료를 스캔인 상태로 전산화하여 문서화 하면 언제든지 찾아볼 수 있다.

3.직장, 가족, 회사 업무로 구분하여 기록한다.

개인적인 사건이나 가족관계 등에 관한 메모는 업무에 관한 메모와 구분해 보관한다.

4. 출장 체크리스트를 만들어둔다.

출장 때에 필요한 것을 메모해두면 매번 풀장 때마다 머리를 쓸 필요가 없다.

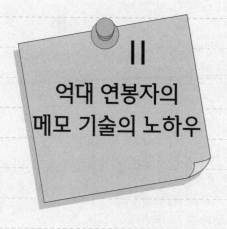

II
억대 연봉자의
메모 기술의 노하우

좋은 인생은 시간의 낭비에 의해서 더욱 짧아진다.

-새뮤얼 존슨

때와 장소를 가리지 않고 한다

산책을 할 때에도 수첩이나 메모지를
가지고 다닌다.

억대 연봉자들은 새로운 일을 계획할 때는 그에 맞는 환경과 흥분을 필요로 한다. 따라서 자신에게 맞는 방법을 모색하여 그 방법대로 일을 한다.

메모는 잡다한 것을 기록하는 것이 아니라 중요한 아이디어나 정보를 기록하는 것이다. 따라서 억대 연봉자들은 좋은 아이디어가 떠오를 수 있는 환경을 만든다. 또한 각자 메모의 적합한 방법도 찾는다.

억대 연봉자들 중에는 산책을 할 때에도 수첩이나 메모지를 가지고 다니다가 좋은 아이디어가 떠오르면 그 즉시 메모하는 사람도 있다. 산책을 하는 동안 신체는 편안해지고 머릿속은 맑아지기 때문에 좋은 아이디어가 떠오를 수 있다.

또 목욕을 하면서 떠오르는 아이디어를 메모하는 사람들

도 있다. 목욕을 하면 긴장이 풀어지고 재미있는 아이디어가 많이 떠오르기 때문이다.

이러한 사람들은 목욕탕에도 메모지를 두고 수시로 적는다. 이때 그들이 사용하는 메모지는 종이가 아니라 화이트보드이다. 따라서 화이트보드를 욕실에 항상 걸어둔다.

억대 연봉자들 중에는 잠들기 전에 많은 아이디어와 생각이 떠오르므로 머리맡에 작은 수첩이나 메모지를 준비했다가 뭔가 떠오르면 바로바로 적는다. '내일 아침에 정리해야지.' 하면 막상 다음 날 아침이 되면 까맣게 잊어버리기 쉽기 때문에 그들은 곧바로 적는다.

억대 연봉자들은 무엇이나 머릿속에 떠오르면 곧바로 적는다. 왜냐하면 머리에 떠오른 것은 바로 적는 것이 메모의 법칙이기 때문이다. 그렇기 때문에 수첩을 항상 가지고 다니는 것이다.

또 잊어버려서는 안 되는 중요사항인데 잊어버릴까봐 메모를 한 다음, 그 메모지를 현관에 붙어두었다가 출근하면서 그것을 가방에 넣어가시고 출근하여 곧바로 처리한다.

억대 연봉자들은 메모를 하는데 시간과 장소를 따지지 않는다.

눈에 잘 띄는 곳에 적는다

일정을 적은 메모 쪽지를 현관 입구에
붙여놓는 사람들도 있다.

우리 인간은 해결되지 않는 문제가 있을 때 덮어두려고
하면 오히려 필요 이상으로 불안해지는 경우가 많다. 오히
려 겉으로 드러내어 버리면 냉정하게 대처할 수 있다.

억대 연봉자들은 늘 지니고 다니는 스케줄 수첩이나 메
모지에 메모한다. 어떤 억대 연봉자들은 다이어리 밖으로
빠져나올 정도로 크고 선명한 형광 포스트잇을 사용한다.

어떤 이들은 플립 형태의 휴대전화를 사용하기도 하는
데, 그들은 덮개 안쪽에 포스트잇을 붙여두고 급할 때는 거
기에 메모를 한다. 메모한 내용은 수시로 확인하고 체크한
뒤 처리하지 못한 일은 따로 메모 수첩에 적어둔다. 그리고
어떤 이는 휴대전화의 수첩기능이나 메인 화면에 잊지말아
야할 일을 써두기도 한다.

억대 연봉자들 중에 일정을 적은 메모 쪽지를 현관 입구

에 붙여놓는 사람들도 있다. 집을 나서기 전에 구두를 신으며 오늘은 어떤 일이 있고, 또 무슨 일을 해야 하는지 한 눈에 알 수 있을 뿐만 아니라 집을 나서면서 이번 주말에 무슨 약속이 있는 것 같은데 하는 불안을 느끼지 않게 된다.

독자들은 드라마나 영화에서 간호사가 손등에 가는 유성 사인펜으로 환자의 이름과 주사의 종류를 메모하는 장면을 본 일이 있을 것이다. 그 간호사는 아무리 바빠도 절대로 잊어서는 안 될 사항을 메모하는 것이다. 손등은 항상 눈에 보이는 부분인데 유성 사인펜은 지워지지 않는다. 그 간호사는 메모의 기술과 가치를 잘 알고 활용하는 사람임에 틀림없다.

잠깐! 비즈니스 영어상식 3

딱 부러지게 거절하기 곤란할 때

미팅이나 인간관계에서 딱 부러지게 말을 못할 때, 즉 분명한 Yes도 아니고 그렇다고 분명한 No도 아닐 때 Maybe를 사용한다.

There's chance.(가능성이 있어요)
It's possible.(가능합니다.)
It's 50-50.(반반입니다.)

지루한 회의에서도 메모한다

회의에 몰입하지 않고 참석한 사람들을 관찰하면서
거기서 느낀 점들을 메모한다.

일반적으로 회사는 회의가 많은 곳이다. 특히 임원이 되면 영업회의, 간부회의, 정례회의 등 여러 가지 종류의 회의에 참석해야 한다. 이외에도 거래처 사람과의 미팅까지 포함하면 어떤 날은 아침부터 저녁까지 회의로 근무를 마감하는 때도 있다.

회사에 다니는 이상 회의에 참석해야 한다. 특별한 이유 없이 회의에 빠질 수 없는 것이 조직 일원의 의무이기도 하다.

그런데 회의 중에는 스트레스만 주는 지루한 회의도 있다. 이런 회의에서는 억대 연봉자들은 어떻게 대처할까? 물론 자신의 힘으로 회의를 빨리 종식시킬 수 있으면 문제는 간단하다. 그러나 그렇지 못할 때 또는 회의 주제와 참석자들을 보고 별로 유익이 되지 않을 것 같은 회의에서는 그들은 회의에 몰입하지 않고 참석한 사람들을 관찰하면서 거기서 느낀 점들을 메모한다.

그들은 발언자의 발언 내용과 사고방식, 언어 습관 등을 메모한다. 이것은 훗날 그들을 상대하거나 함께 일할 때 도움이 되기 때문이다.

아무리 지루하고 시시한 회의에서도 얻는 것은 있기 마련이다. 억대 연봉자들은 사람들을 관찰할 수 있는 기회로 메모를 활용하여 이익을 얻고 있다.

● 회의에서 상대를 관찰했을 때의 메모의 예 ●

이름 : 릭 소먼

직책 : 팀장

성격 : 활달하고 적극적임.

습관 : 남이 말의 끝 마치기 전에 가로채는 버릇

장점 : 매사에 적극적임. 맡은 일은 완수하는 스타일

결점 : 잘난체하여 주위 동료와 인간관계가 좋지 않음.

신뢰도 : 90%정도.

억대 연봉자들이 메모할 때의
유의사항

좀더 중요한 일에는
동그라미를 친다.

메모는 누구나 대부분 급하게 작성하는 것이므로 하루만 지나도 무슨 내용인지 이해할 수 없는 경우가 많다. 그러나 억대 연봉자들은 아무리 급할지라도 다음과 같은 점에 유의하여 메모한다.

첫째, 중요한 일에는 밑줄을 긋는다.
둘째, 좀더 중요한 일에는 동그라미를 그린다.
셋째, 키워드는 삼색 볼펜을 사용하여 강조한다.
넷째, 중요한 내용은 다음 페이지에 별도의 항목으로 요약해둔다.

사인펜을 사용하는 사람들은 드물다. 그들이 회의 중에 볼펜이나 만년필로 사용하다가 바꿔 사용하려면 귀찮기 때문이다.

　최근에는 삼색 볼펜과 같이 편리한 도구가 많아 여러 가지로 사용하는 사람들도 많다. 처음에 한 색깔의 볼펜과 달리하여 나중에 알아보기 쉽게 색을 바꾸어 메모하기 위함이다.

● 어느 억대 연봉자의 메모의 예(중요사항) ●

1. 오늘 간부 회의 : AM9-10

　간부회의 주제: 신차판매촉진의 건

2. 판매 촉진에 대한 (아이디어 구상)

　① 광고-젊은이를 상대로 TV 또는 인터넷으로...

　② 영업부 사기 진작(?)

3. 서면에게 이메일 보내기.

4. 오늘 저녁 가족과 함께 외식하기.

중요한 부분이
한 눈에 들어오도록 한다

메모의 효과적인 방법에는
정답이란 없다.

무역 회사의 팀장으로 있는 리빙스톤은 평소 주머니에 들어갈 정도로 작은 수첩을 가지고 다닌다. 그 수첩에는 '기억해야 할 일', '문뜩 떠오르는 생각' 등으로 구분하여 메모한 것들로 가득차있다. 회의 때도 이 수첩을 가지고 회의에 참석하여 사용하므로 이 수첩은 그야말로 그의 아이디어 창고라고 할 수 있다.

그는 메모를 할 때 거의 검은 볼펜으로 사용하지만 업무상 도움이 될 아이디어는 빨간 볼펜을 사용한다. 그리고 나중에 읽을 때에는 볼펜을 사용하지 않고 사인펜을 사용한다.

메모의 효과적인 방법에는 정답이란 없다. 누구나 자기 자신에게 가장 편한 방법을 사용하면 된다. 메모 도구 역시 사람마다 가지각색이다. 따라서 이것 역시 억대 연봉자가 특별히 사용하는 도구란 없다.

무엇보다도 중요한 것은, 그들은 중요한 부분에는 밑줄을 긋거나 동그라미를 표시하여 한 눈에 들어오도록 한다는 사실이다.

자신에게 맞다고 생각하는 방법이면 어떤 방법도 무방하다는 것이 그들의 공통적인 생각이다. 하지만 그들은 시간이 지난 후에 다시 검토할 때 중요한 부분이 한 눈에 들어오도록 하고 있는 것이 특징이다.

잠깐! 비즈니스 영어상식 4

정중하게 요구를 할 때

비즈니스 상황에서는 상대방을 존중하면서 정중하게 요구하는 표현으로는 Could를 쓴다.

Could I ask you to do that?(부탁드립니다.)
Could I ask you to do me a favor?(부탁 좀 드리겠습니다.)

수첩을 자주 펼쳐본다

바쁜 와중에도 출퇴근 시간 직전 5분 전에
수첩을 펼쳐본다.

억대 연봉자들은 거의 주중에는 일에 쫓겨 자기만의 시간을 갖기 어렵다. 혼자만의 시간을 갖기가 사실 힘들다고 할 수 있다. 그러나 그 바쁜 와중에도 출퇴근 시간 5분 전에 수첩을 펼쳐보는 기업인도 있다. 출퇴근 전의 짜투리 시간을 그들은 잘 활용하고 있는 것이다. 그렇게 함으로써 출퇴근 전 후 10분을 알차게 활용할 수 있게 된다.

기업인들은 사실 휴일에도 자기만의 시간을 갖기 어렵다. 고객의 골프 회동, 친지의 애·경사 등으로 바쁜 휴일을 보내고 있기 때문이다.

또 집에 있어도 텔레비전이나 인터넷으로 휴일 하루를 금방 보내버리기 쉽다. 그러나 단 한 시간이라도 책상에 앉아 지난 한 주를 되돌아보고 다음 주를 준비하는 기업인들이 많다. 그런데 그런 기업인들에게 공통점이 있는데 그것은 다음과 같다.

첫째, 저절로 앉고 싶은 좋은 책상을 가지고 있다.
둘째, 음악을 듣거나 마음은 편안하고 정신적으로 안정을 취할 수 있는 분위기 속에서 휴일을 보내고 있다.
셋째, 자신이 원하는 것을 적이 책상 앞에 붙여놓는다.

그들은 하루에 한 번이라도 수첩과 팬을 드는 습관이 몸에 베어있는 것이다. 그래서 특별히 노력 하지 않아도 좋은 정보나 유익한 아이디어가 떠오르면 자동적으로 메모를 한다.

MEMO

메모를 집대성한다

그의 메모는 자신의 자서전이나
영화라고 생각한다.

억대 연봉자들 중에는 메모 한 것을 주제별로 분류해서 정리하여 보관하는 사람도 있다. 그는 일기식의 메모나 스케줄 수첩은 별도로 보관하고, 그 밖의 메모지는 중요한 내용을 주제별로 모아서 보관한다. 그는 매일 퇴근 후에 그 날에 메모한 것을 분류하여 보관하는 것을 일과로 여기고 있다.

그는 메모에 대한 생각이 남다르다. 즉 그의 메모는 자신의 자서전이나 영화라고 생각한다. 영화의 주인공은 물론 자기 자신이고, 제작·각본·감독도 자기 자신이라고 생각한다. 그리고 그 영화의 제목은 그 메모의 주제를 표제로 한다. 그리하여 하나의 책으로 완성한 다음에는 표지에 그 메모장의 주제를 적는다.

그는 주말이나 틈이 있으면 그렇게 철해놓은 메모장을

읽으면서 후회와 반성도 하고, '그렇게 하기를 잘했어' 하고 자화자찬과 함께 용기를 얻는다.

그는 그 메모장을 읽으면서 실패한 것이나 잘못한 것에서 실패를 성공으로 이끌기 위한 추진 방법을 찾고 있고 또한 실수와 낭비를 방지하기 위한 절차나 방법도 모색하고 연구한다.

지시 · 명령시의
메모 노트

- 명령의 메모 노트
- 지시할 때의 메모 노트
- 지시받을 때의 메모 노트
- 중요사항 보고를 위한 메모 노트

명령의 메모 노트

<table>
<tr><td colspan="3">20 년 월 일 (요일)</td></tr>
</table>

• 안 건 명 : _____

• 담 당 자 : _____

• 지시 및 명령 내용 : _____

• 시행 결과 : _____

① 만족한 점 : _____

----

② 불만인 점 : _____

• 작성요령

① 지시나 명령하기 앞서 작성하는 메모이므로 지시할 내용을 간략하게
메모한다.

② 담당자가 볼 수도 있으므로 암호나 부호를 사용해도 무방하다.

③ 결과는 반드시 확인 후에 메모한다.

지시할 때의 메모 노트

20 년 월 일(요일) AM(PM) 시

• 담당자 : _____

• 직   위: _____

• 지시할 내용: _____

_____

_____

_____

• 결   과: _____

_____

_____

_____

• 지적사항 _____

_____

_____

• 작성요령

① 지시할 내용은 요점만 메모한다.

② 결과는 반드시 체크하여 메모한다.

③ 결과에 만족하지 못했을 경우에 지적 내용을 메모한다.

지시받을 때의 메모 노트

20   년 월 일(요일) AM(PM)   시 장소:

• 지시한 사람 : _____

• 직   위 : _____

• 지시 내용 : _____

결과 보고시 20   년   월   일   시

• 결과 내용: _____

• 추가 지시 내용

• 작성요령

①지시자는 거의 상급자이므로, 상급자가 부를 대 메모지를 들고
  간다.

②지시하는 내용을 요약해서 메모한다.

③처리할 업무는 육하원칙에 의해서 메모한다.

중요사항 보고를 위한 메모 노트

20　년　월　일 (요일)

• 보고대상:

• 제목: _____

• 참석자: _____

• 협의목적: _____

• 예상: _____

_____

• 보고내용 : _____

_____

• 문제점: _____

_____

• 대책: _____

_____

• 기타: _____

• **작성요령**

① 중요사항을 상대가 잘 이해하도록 하기위하여 보고하기 전에 메모하는 것이므로 가급적 간략하게 요점만 메모한다.

② 본인만 알 수 있도록 하기위해 중요한 부분을 밑줄을 긋거나 암호로 표시한다.

③ 미래 비전제시에서는 미래의 목표확립 등에 대해서 메모한다.

메모의 기술 2

1. 항상 메모할 수 있도록 휴대품을 소지한다.

   팬, 메모지, 명함 등을 항상 소지하고 다닌다.

2. 아날로그와 디지털 메모를 합성한다.

   메모지에 메모한 것을 다시 컴퓨터에 저장한다.

3. 메모로 인맥을 관리한다.

   받은 명함 뒷면에 받은 날자와 장소를 작은 글씨로 기록

   해 둔다.

4. 지시사항을 메모한다.

   지시사항이 있으면 메모지에 To ○○○에게 식으로 메

   모하여 직접 전달한다.

5. 모든 메모는 피드백한다.

   직원들의 제안서나 보고서에 피드백을 보낸다.

6. 모든 메모는 반드시 정리한다.

   메모는 이를 정리하는 기술이 중요하다.

III

업무와 메모활용

30분을 티끌과 같은 시간이라고 말하지 말고 그 동안이
라도 티끌과 같은 일을 처리하는 것이 현명한 방법이다.
　　　　　　　　　　　　　　　　　　　－괴테－

일을 하기 전에 준비를 위한 메모

오늘 해야 할일의 전부를 요약해서
간단히 적는다.

억대 연봉자들은 출근하자마자 종이에 우선 그날 할 일을 정리하면서 메모한다. 즉 일을 처리하기 위한 리스트를 작성하는 것이다. 리스트를 작성할 때 우선 큰 종이에 큰 글씨로 날짜, 요일, 시간을 적는다.

그 다음에는 그날 해야 할 일이 무엇인지 적는다.

그런 다음 그 밑에 그 일을 언제 해야 하는지 즉, 지금 해야 하는지 오후에 해야 하는지를 적는다.

마지막으로 오늘 해야 할일의 전부를 요약해서 간단히 적는다. 그리고 그 리스트에 따라 일을 시작한다.

억대 연봉자들은 항상 메모에 의해 체계적으로 일을 한다.

일의 우선순위를 메모한다

하루의 일과를 자신 위주로 편성하지
않는다는 것이다.

오늘 하루에 처리해야 할 일이 많으면 어떤 일을 먼저 해야 할지 혼란스러울 때가 있다.

억대 연봉자들은 대부분 다음과 같은 방법으로 일의 순서를 정한다.

첫째, 자신이 오늘 할 수 있는 일의 분량이나 수준을 고려하여 일정을 잡는다.

둘째, 반드시 우선순위를 정한다.

셋째, 업무가 변경되거나 스케줄이 확정되지 않는 일 즉, 예측할 수 없는 일에는 어느 정도 여유를 둘지를 생각한다.

그들은 스케줄을 작성할 때에도 나른 사람의 입장에 서서 생각하고 객관적으로 판단하여 결정한다. 즉 하루의 일과를 자신 위주로 편성하지 않는다는 것이다. 스케줄을 결정할 때에는 가장 먼저 처리할 일을 리스트에 우선순위로 매긴다.

억대연봉자의 메모 예 〈중요 리스트〉

A급- 1. 간부회의 10시

2. 영업회의 11시

3. A회사 방문 오후 2시

B급- 1. B회사 영업부장과 점심식사 오후 1시

2. T회사 방문 오후 3시

3. 중국어 학원에서 공부 오후 5시

4. 중국어 방송 듣다 오후 10시.

C급- 가족과 저녁식사 오후 7시

중요한 내용을 요약해서 적는다

메모만 있으면 시간이 흐른 후에도 그 협상 때
무슨 말이 오고갔는지 알 수 있다.

억대 연봉자들은 협상을 할 때 상대방과의 대화의 내용을 전부 적지 않으며 중요한 내용을 요약해서 적거나 단어만 적는다. 이 때 암호나 기호로 표기하는 기업인도 있다.

자신의 생각이나 아이디어도 단어로 표기한다. 누가 이야기 한 것인지 알기 쉽게 하기 위해서 그들은 A와 B로 나누어 행을 바꾸어 메모한다. 이 메모만 있으면 시간이 흐른 후에도 그 협상 때 무슨 말이 오고갔는지 알 수 있기 때문이다.

억대 연봉자들 중에는 이 정도의 메모로 만족하지 않고 이 메모를 복사하여 협상이 끝난 후에 주고받은 대화를 정리하면서 그 때의 상황을 쉽게 파악하고 또 잘못된 방법이 있으면 개선하는 자료로 삼는다.

억대연봉자의 메모 예 〈기호와 암호〉

M - Meeting(회의)

I - Idea(아이디어)

T - Telephone(전화)

F - Fax(팩스)

Add - Address(주소)

D - Dinner(회식)

O - Out(외출)

R - Return(귀사)

S - Secret(비밀 사항)

★ - 반드시 해야 할 일

☆ - 중요 사항

핵심을 파악한다

세미나가 무엇을 위한 세미나였으며, 성과가
어떠했는지 이 두 가지만을 명확히 밝혀둔다.

억대 연봉자들은 거의가 기업인이며 직장인이다. 직장인
과 보고서와는 뗄레야 뗄 수 없는 관계다.

세미나에 참석하거나 연수회 등에 참석 한 경우에는 거
의가 보고서를 작성하여 제출한다. 이 때 보고서를 어떻게
썼느냐에 따라서 상사의 평가가 달라진다.

억대 연봉자들은 보고서를 잘 쓴다. 그것은 이미 많이 써
왔기 때문인데, 그 동안에 보고서 작성 요령을 터득했기 때
문이다. 그들이 터득한 요령이란 그동안의 메모를 통해 터득
한 것으로 누구나 알 수 있는 것이다. 특히 세미나가 무엇을
위한 세미나였으며, 성과가 어떠했는지 이 두 가지만을 명확
히 밝혀둔다. 이들은 불필요한 이야기는 생략하고 요점만 간
결하게 보고하는데, 이 때에도 메모가 많은 도움이 된다.

연수회에 참석한 후의 보고서일 경우 해당 연수회의 주
제와 목적, 일시, 주요출석자, 구체적인 성과, 만난 사람 등
에 대해서 쓴다. 이 때 메모하는 요령으로 쓴다.

장황한 보고서는 사용하지 않는다

참고할만한 내용만 메모하는 것이
핵심이다.

억대 연봉자들이 작성한 보고서를 보면 한 눈에 목적과 성과를 알 수 있게 구성되어 있다.

세미나에 참석하면 자료를 주는데, 이들은 메모를 작성할 때 별도의 종이에 하지 않고 관련 자료에 메모한다. 억대 연봉자들은 중요한 내용에는 표시만 해두지만, 다음의 내용은 반드시 메모한다.

첫째, 세미나의 목적과 내용.
둘째, 구체적인 성과.
셋째, 주요 출석자와 그들이 발언한 내용.
마지막으로 느낀 점을 적는다.
대체로 세미나의 안건은 두 세 가지 정도이지만 상사들은 이것을 알고 싶어 한다.

참고할만한 내용만 메모하는 것이 핵심이다. 이것은 보고서를 작성할 때도 기본이기도 하다.

이들이 작성한 보고서에는 여러 내용 중에서 자신은 '어떤 내용에 감명을 받았고, 또 어떤 성과를 얻었다' 는 글은 반드시 첨부되어 있다.

잠깐! 비즈니스 영어상식 6

비즈니스에서 No대신의 표현

비즈니스에서 No는 잘 사용하지 않는다. 완곡한 No를 나타내는 표현을 사용한다.

I have a different take on it.(좀 다르게 봅니다.)
I wouldn't be so sure.(그렇지 않을 수도 있습니다.)
I an not sure about that.(확신이 들지 않습니다.)

떠오르는 생각을 녹음했다가
정리한다

카세트 녹음기에 녹음했다가 나중에 들으면서
메모를 한다.

억대 연봉자들은 기획서를 작성할 때 미리 주제와 아이디어를 메모한다. 때로는 음성 메모를 활용하기도 한다. 머릿속의 생각을 먼저 음성으로 말하여 녹음하는 것이다.

그 이유는 쓰려는 생각이 앞서기 때문에 메모가 잘 안될 때가 있기 때문이다. 막상 메모하려고 마음먹어도 무엇을 써야 할지, 어떻게 해야 할지를 모를 때가 많다. 따라서 이런 사람들은 자신의 생각을 글로 나타내기 전에 정보나 내용을 카세트 녹음기에 녹음했다가 나중에 들으면서 메모를 한다.

평소 자신의 생각을 자연스럽게 이야기할 줄 아는 기업인들은 메모보다는 녹음기를 택하는 경우가 많다. 왜냐하면 이 방법이 훨씬 빠르기 때문이다. 아무리 유능한 억대 연봉자라 하더라도 자신의 생각을 문장으로 작성할 수 있는 사람은 많지 않다. 그러나 이런 사람들도 떠오르는 생각을 말로 표현하기는 쉽다. 더욱이 다른 사람과 함께 말하는 것이 아니므로 정리에 신경을 쓸 필요는 없기 때문이다.

녹음된 내용을 들으면서
정리한다

생각의 정리가 제대로 되었는지 등을
확인하기 위하여 한 번은 듣는다.

아이디어나 기획한 것을 녹음한 억대 연봉자들은 녹음이 끝났을 때 그 즉시 제대로 녹음이 되어있는지 한 번은 들어본다. 필요한 내용은 녹음을 다 했는지, 생각의 정리가 제대로 되었는지 등을 확인하기 위하여 한 번은 듣는다. 만약 그런 부분이 발견되면 다시 녹음을 하거나 잘못된 부분이나 누락된 부분이 발견되면 그 부분만 다시 메모를 한다.

그리고 나서 얼마 후 시간을 내어 녹음을 들으면서 제목마다 녹음된 말을 적는다.

전체의 흐름에 따라 순서대로 정리하여 두세 장의 용지에 주제별로 적는다. 그리고 정리한 시트와 항목별로 적은 내용을 보면서 기획서를 작성한다.

그들은 이렇게 익힌 기술을 다른 사람과 협상을 할 때나 세미나 회의에서 활용하여 상대의 의지를 파악하는데 이용한다. 이런 과정을 통해서 그들은 기획서 작성쯤은 쉽게 할 수 있는 유능한 기획자가 되는 것이다.

비즈니스 문서 작성할 때

비즈니스 문서를 작성할 때도 처음부터 문서를
작성하지 않고 먼저 메모부터 작성한다.

억대 연봉자들은 편지나 문서를 작성할 때는 상대방에게
실례가 되지 않도록 주의한다. 그런데 편지란 너무 격식을
차리다 보면 친근감을 잃기 쉽다.

또한 비즈니스 문서를 작성할 때는 기존의 문서를 참조
하거나 참고 서적을 바탕으로 상대방의 입장을 고려하여 가
능하면 자신만의 개성이 느껴지도록 한다.

억대 연봉자들은 편지나 비즈니스 문서를 작성할 때도
처음부터 문서를 작성하지 않고 먼저 메모부터 작성한다.
여기서 말하는 메모는 편지나 문서의 초고가 아니라 무엇을
누구에게 어떤 식으로 전달할지에 대해서 항목별로 쓰는 것
이다.

그들은 이 단계에서는 문장이나 문맥에 신경을 쓰지 않
는다. 그들이 중요하게 생각하는 것은 '전달하려는 내용'을

빠짐없이 적었느냐 하는 것이다. 그러므로 그들은 상대방의 이름, 직위, 프로필을 메모한다. 그 다음에는 전하고자 하는 내용을 항목별로 메모한다. 마지막으로 상대방과의 관계나 자신의 기분을 짧은 문장으로 메모한다.

그런 다음 견본이 되는 문서를 토대로 자신만의 개성이 느껴지는 말로 문서를 작성하고, 전체의 문상 구성을 한 번 더 정리하여 완성된 문장을 만든다.

다 쓴 후에는 처음부터 끝까지 소리 내어 읽어본다. 어색한 부분이 있으면 같은 작업을 반복하여 자신의 말이 제대로 전달되었는지를 확인한다. 억대 연봉자들은 비즈니스 문서작성에도 이렇듯 치밀함을 보인다.

MEMO

오늘 한 일과
내일 할 일을 체크할 때

메모를 함으로써 하루를 마무리하고
내일 할 일을 준비한다.

억대 연봉자들은 업무를 끝낼 때 메모를 신속하게 한다. 이 메모는 다음 날 하루의 일정이기도 한다.

그들은 A4용지에 오늘 하루 동안 한 일과 다른 사람을 도와준 일, 특별히 만난 사람 등을 항목별로 적고 주의 사항과 꼭 기억해야 할 일을 다른 색상으로 적는다.

또한 내일 할 일은 다른 종이 위에 적고 오늘 한 일은 그 위에 적는다.

그들은 이런 메모를 매일 반복함으로써 일의 흐름을 파악하고 해야 할 일을 잊어버리는 실수를 하지 않게 된다.

그들은 이런 방법으로 메모를 함으로써 당시에는 못 느꼈던 감각까지도 되살린다.

억대 연봉자들은 메모를 통해서 하루를 마무리하고 내일 할 일을 준비한다.

전화 통화를 할 때

전화를 받을 때는 전화 내용에 대해서 집중하기
위해 메모를 한다.

이메일과 인터넷의 보편화로 전화사용이 예전 같지 많지
는 않지만 휴대전화의 발달로 시간과 장소에 관계없이 통화
를 할 수 있게 되었다. 그러므로 억대 연봉자들의 경우도 회
사에서 중요한 위치에 있고, 또 거래처나 고객들이 많은 편
이라 전화를 무시할 수는 없는 처지이다. 그러나 회의를 하
는 중에 또는 일에 몰두하고 있는데 느닷없이 전화가 걸려
올 때 전화를 대신 받아주는 비서가 있는 경우를 제외하고
는 전화를 받기 위해 일을 중단하는 경우가 많다.

이 때 억대 연봉자들은 어떻게 할까?

그들은 전화를 받게 되면 전화 통화에 집중한다. 그러나
전화를 끊고는 하던 일에 다시 신경을 집중시킨다. 그러기
위해서 그들은 메모를 활용한다.

즉, 전화가 걸려오면 수화기를 드는 것과 동시에 메모지

와 펜을 준비하고 전화 내용을 빠짐없이 메모한 다음, 전화 내용에 대한 답을 언제까지 해주겠다는 말을 하면서 그것도 함께 메모를 한다.

그런 다음에 다시 하던 일이나 회의에 몰두한다.

빨리 끊으려는 생각이 앞서면 전화내용에 집중하지 못하게 되어 건성으로 전화를 받게 된다. 따라서 그들은 전화를 받을 때는 전화 내용에 대해서 집중하기 위해 메모를 하는 것이다.

억대 연봉자들은 전화를 받으면서 메모할 때 특히 숫자와 고유명사를 꼭 기억하여 메모한다. 그리고 그 위에 표시를 한다. 숫자를 잘못 기억했다가는 나중에 큰 문제가 있을 수 있기 때문이다. 정확하게 듣고 기억했다가 정확하게 돌려줘야 하기 때문이다.

억대 연봉자들은 전화 받을 때의 메모 종이는 거의가 A4 크기로 하고 나중에 따로 스케줄 수첩이나 메모지에 적는다.

통화할 내용을 적는 메모

상대방에게 이야기 할 내용을
미리 항목별로 메모한 후 전화를 건다.

억대 연봉자들은 직접 통화를 할 때는 생각 없이 수화기를 들지 않고 미리 무슨 말을 할까, 또 무엇을 확인할까에 대해서 메모한 다음 전화기를 든다. 즉 상대방에게 이야기할 내용을 미리 항목별로 메모한 후 전화를 걸어 메모지의 내용에 따라 자신의 의사를 정확하게 전달하며, 나중에 빠진 것을 후회하는 일이 없게 만든다.

억대 연봉자의 경우 이미 회사 내에서 중요한 위치에 있으므로 전화의 내용 역시 다양하고 중요한 것이 많을 것이다. 또 전화를 걸어야 하는 고객이나 거래처도 하루에도 여러 통이 될 것이다. 또한 어느 하나를 소홀히 할 수 없는 전화일 것이다. 따라서 메모를 한 후 그 메모지를 토대로 전화하는 효과적인 방법을 택한다.

보험 회사에서 억대연봉을 받고 있는 어느 보험 설계사

는 바쁠 때, 특히 회의 중에 전화가 걸려오면 "지금 바빠서 그런데 말씀하신 내용에 대해서 팩스나 메일로 보내겠습니다."하고 전화를 끊은 다음 메일이나 팩스로 상세하게 답변한다. 이렇게 함으로써 그녀는 쓸데없는 시간 낭비를 줄이고 상대방의 이야기를 흘려듣는 실수도 하지 않는다.

● 어느 메모 기술자의 메모의 예(전화를 하기 전 메모) ●

전화일시 : ○년 ○월 ○일 PM ○시

상대 : J광고회사 기획팀 팀장

내용 : 신차 광고에 대한 협의차 방문 요망

방문 희망시기 : ○년○월○일 AM○시

영업 · 업무 개선을 위한
메모 노트

- 영업의 메모 노트
- 업무개선에 대한 메모 노트
- 업무에 관한 메모 노트
- 수금지체에 대한 메모와 작성
  요령

영업의 메모 노트

20　년 월 일(요일)　AM(PM)　시

• 금일매출:_____

• 매출누계 _____

• 금일입금:_____

• 입금누계 _____

• 잔액:_____

• 비고:_____

• 작성요령

① 비고란에는 어제의 영업메모를 보고 어제의 영업실적을 비교해서 적는다.

② 비고란에 내일을 위한 계획도 적는다.

업무개선에 대한 메모 노트

20 년 월 일(요일) AM(PM) 시

• 중요 업무 내용: _____

_____

_____

• 결   제: _____

_____

_____

_____

• 미   결: _____

_____

_____

• 중요사항: _____

_____

_____

• 작성요령

① 업무 내용은 정도에 따라 순번을 정하여 메모한다.

② 미결사항은 그 이유도 함께 메모한다.

③ 중요사항에서는 미결된 부분을 언제 결제할지를 메모한다.

업무에 관한 메모 노트

20　　년 월 일(요일)　AM(PM)　시

• 중요 업무 내용:＿＿＿＿＿＿＿＿＿＿＿＿＿＿＿＿
＿＿＿＿＿＿＿＿＿＿＿＿＿＿＿＿＿＿＿＿＿＿＿＿＿
＿＿＿＿＿＿＿＿＿＿＿＿＿＿＿＿＿＿＿＿＿＿＿＿＿

• 결제:＿＿＿＿＿＿＿＿＿＿＿＿＿＿＿＿＿＿＿＿＿
＿＿＿＿＿＿＿＿＿＿＿＿＿＿＿＿＿＿＿＿＿＿＿＿＿
＿＿＿＿＿＿＿＿＿＿＿＿＿＿＿＿＿＿＿＿＿＿＿＿＿

• 미결:＿＿＿＿＿＿＿＿＿＿＿＿＿＿＿＿＿＿＿＿＿
＿＿＿＿＿＿＿＿＿＿＿＿＿＿＿＿＿＿＿＿＿＿＿＿＿
＿＿＿＿＿＿＿＿＿＿＿＿＿＿＿＿＿＿＿＿＿＿＿＿＿

• 중요사항:＿＿＿＿＿＿＿＿＿＿＿＿＿＿＿＿＿＿
＿＿＿＿＿＿＿＿＿＿＿＿＿＿＿＿＿＿＿＿＿＿＿＿＿

• 작성요령

① 업무 내용은 정도에 따라 순번을 정하여 메모한다.

② 미결사항은 그 이유도 함께 메모한다.

③ 중요사항에서는 미결된 부분을 언제 결제할지를 메모한다.

수금지체에 대한 메모와 작성요령

20 년 월 일(요일) AM(PM) 시

- 보고대상(상호 및 성명) : _____
- 판매품목(내용) : _____
  _____
- 독촉일자 : _____
  _____
- 상대방의 이유 : _____
  _____
- 향후 대책 : _____
  _____
- 책임상사의 의견 : _____
  _____
- 결 정 : _____
  _____

- 작성요령
① 독촉일자에는 그동안의 독촉한 날짜를 모두 구체적으로 메모한다.
② 결정란에는 앞으로 계속 거래 여부와 독촉 예정 일자를 메모한다.

메모의 기술 3

1. 수첩은 직접 고른다.

　매년 회사에서 주는 수첩이 아니라 자신이 기록하기 좋은 수첩을 고른다.

2. 약속시간은 'ㅇㅇ 시 50분'으로 한다.

　약속시간을 12시 등으로 메모하지 않고 약속시간보다 10분 빠르게 메모해둔다.

3. 교훈적인 말들은 수첩에 기록해둔다.

　자신을 가다듬을 수 있는 말들을 수첩에 기록해두었다가 자주 끄집어내어 읽어본다.

4. 지시사항을 메모해둔다.

　메모해두지 않으면 가끔 잊어버릴 수가 있다.

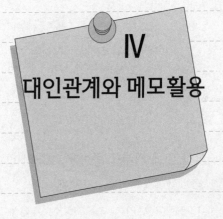

IV
대인관계와 메모활용

시간의 참된 가치를 알라. 그것을 붙잡고 억류하라.
그리고 그 순간순간을 즐겨라.

- 필립체스터 필드 -

말이 자주 바뀌는 상사를 대할 때

번덕스러운 상사를 대할 때는 그가 보는 앞에서
지시사항을 메모하는 것이다.

회사 내에 간부들 중에는 자신의 한 말을 지키는 간부가 있는가 하면 한 입으로 두 말 하는 간부도 있다. 주로 독단적인 성격의 사람들 중에 한 입 가지고 두 말하는 간부가 있다. 이런 간부들은 지시한 내용을 수행하는 과정에도 수시로 바뀐다.

이런 간부들이 아이디어로 승부를 할 때에는 아랫 사람들도 충분히 이해가 되지만 특별한 이유 없이 지시한 내용을 변경하면 일을 진행하는데 지장이 많고, 혼선을 일으키게 된다.

이런 상사를 대할 때에 억대 연봉자들은 메모의 기술을 이용한다.

만일 어떤 간부가 수시로 지시를 바꾸자 그의 한 부하인 억대 연봉자는 지시를 할 때마다 그 간부 보는 앞에서 메모를 하자 변덕부리는 일이 많이 줄어 들었다.

이처럼 변덕스러운 상사를 대할 때는 그가 보는 앞에서 지시사항을 메모하는 것이다. 이 때 메모를 보이며 "이렇게 하면 되겠습니까?"하고 확인해서 하므로 메모의 기술이 더욱 효과가 나타나는 것이다.

만일 그 간부가 다른 지시를 내리면 억대 연봉자가 메모를 보이면서 "오늘 아침에 이런 지시를 하셨는데요." 하면 그 간부도 생각을 바꾼다.

생각이 있는 간부라면 부하가 그렇게 나오면 자신이 지시를 자주 변경하는구나 하는 생각을 하게 된다. 사실 지시하는 입장에서는 어떤 의도가 있어서 지시를 변경하는 것이 아니라 별 생각 없이 지시 사항을 바꾸는 경우도 많다.

MEMO

부하직원을 파악할 때

부하들의 성격, 지시했을 때에 대하는
각각 다른 반응 등을 메모해 놓고 있다.

억대 연봉을 받는 비즈니스맨은 거의가 부하 직원이 있
다. 비즈니스맨에게 부하직원을 잘 관리하는 일은 매우 중
요하다. 많은 부하직원이 있을 때 그들 모두를 관리하고 통
솔하기가 쉽지만은 않다. 그러나 억대 연봉의 비즈니스맨은
부하들의 행동유형이나 성격 정도는 항상 파악하고 있다.

그들은 부하직원을 통솔하기 위해 먼저 그들의 행동 유
형을 파악하여 메모하고 있다. 예를 들어서 부하직원이 5명
이 있다고 했을 때, 그들의 성격과 지시했을 때에 어떻게 행
동을 하는지에 대해 메모를 해놓고 있다.

부하들의 차이점을 메모하고 일람표를 만들어 지시나 명
령을 내릴 때 참조한다.

그들은 또 부하 직원에게 명령할 때 항상 구체적인 표현
을 사용한다.

예를 들어서 가끔은 "앞으로 좀더 분발하라."는 말도 하
지만 "A 프로젝트를 얼마 동안에 마치도록 하라."고 말하여
부하직원들의 마음을 편하게 해준다. 따라서 억대 연봉자들
은 가능한 부하직원들의 성격이나 취향, 행동 유형을 파악
하는 데 메모를 적극 활용하고 있다.

잠깐! 비즈니스 영어상식 7

Yes의 사용법

확실한 Yes 즉 동감임을 표현할 때
I am with you.
I couldn't agree more.
You said it.
You can say that again.

인맥도人脈圖라 할 수 있는 메모

메모지가 새로운 인맥을 만드는
데이터베이스 역할을 한다.

억대 연봉자들은 사람을 만난 후 정보를 간단하게 메모
한다. 즉 만난 사람의 이름과 직함, 날짜, 만난 장소, 소개한
사람을 기록한다. 이렇게 기록하는 것은 이 메모를 통해서
상대방을 만난 경위와 함께 일하게 된 과정을 알 수 있기 때
문이다.

또 그 사람과의 인연으로 또 다른 인연이 이어져 자신의
취미나 일을 통해서는 만날 수 없는 세계의 사람들을 만날
수 있기 때문이다. 다시 말해 그 메모지가 새로운 인맥을 만
드는 데이터베이스 역할을 하기 때문이다.

그들이 사용하는 이런 메모의 가장 큰 장점은 나중에 다
시 보았을 때 자신의 인맥을 알 수 있다는 점이다. 즉 인맥
도(人脈圖)라고 할 수 있는 메모를 통해서 개개인의 성향과 능
력을 파악할 수 있다는 것이다.

억대 연봉자들은 이 메모를 통해서 소중하게 생각해야 할 사람이 누구인지 알게 되고, 사람과 사람의 만남에 감사하게 되며, 인생관을 바꿀 수 있는 계기도 마련하게 된다.

MEMO

무의미한 명함 교환은 하지 않는다

억대 연봉자들은 명함을 받으면
가급적 빠른 시간 내에 그 사람의 특징을 메모한다.

누구든지 오래 전에 받은 명함을 보면 명함을 준 사람이
누구인지, 만났을 때의 인상, 대화 내용이 전혀 기억나지 않
는 경험이 있을 것이다.

비즈니스 세계에서도 명함을 주고받는 일은 일상적인 일
이 되었는데, 명함을 교환하는 것만으로 끝나면 아무런 의
미가 없다. 중요한 것은 그 명함을 어떻게 활용하는가 하는
것이다.

억대 연봉자들은 명함을 효과적으로 활용하기 위하여 명
함을 교환할 때 상대방의 특징을 명함에 메모한다. 이 방법
은 억대 연봉자들뿐만 아니라 많은 비즈니스맨들이 사용하
고 있다. 그런데 억대 연봉자들의 사용방법은 좀 특이하다.
즉 명함에 메모하는 내용이다.

보통 명함에 메모하는 내용은 만난 장소, 날짜, 그 사람의 특징 등이다. 그런데 명함을 교환하는 자리에서 이런 행동을 하면 상대방에게 실례가 되며, 나중에 적으려고 해도 여러 사람을 만나서 명함을 받았을 경우에는 누가 누구인지 구분을 못하게 된다. 따라서 억대 연봉자들은 명함을 받으면 가급적 빠른 시간 내에 그 사람의 특징을 메모한다.

　어느 고액 연봉자는 사무실에 들어오면 그 날 받은 명함에 날짜를 기입하는데 특히 중요한 인물인 경우에는 오른쪽 윗부분에 색연필로 표시해둔다.

잠깐! 비즈니스 영어상식 8

고객으로부터 고객의 신상에 대한 소식을 들었을 때

좋은 소식을 들었을 때-기쁩니다, 훌륭합니다.
Great!
Wonderful!
Excellent!
Awesome!

나쁜 뉴스를 들었을 때-안됐군요, 어떻게 그런 일이

Too bad.
What a shame.
What a piety.
It's piety.

명함에 메모한다

억대 연봉자들은 명함은 매우 소중한 인맥자료임을 잊지 않는다.

명함을 다시 볼 때는 그 사람의 얼굴과 이미지가 생각나야 한다. 최근에는 명함에 자신의 얼굴 사진을 넣은 명암을 가지고 다니는 비즈니스맨도 많지만, 한번 만난 사람을 금방 생각해내기는 쉽지 않다.

억대 연봉자들은 영업 계통에 일을 하지 않아도 개성 있는 명함을 가지고 다닌다.

어디에서나 흔히 볼 수 있는 명함은 남에게 강한 인상을 주지 않기 때문이다.

억대 연봉자는 명함 주인이 어떤 사람인지 기억하기 위해 명함에 얼굴과 행동의 특징을 간단하게 메모한다. 인기 있는 연예인이나 유명 인사를 닮았으면 그 이름을 적는다.

명함에 어떠한 메모도 하지 않았다면 나중에 명함철을 정리하다가도 명함 주인의 얼굴은 물론 어디서 만난지 조차 기억하지 못한다. 그렇게 되면 명함을 보관한 의미가 없게 된다.

따라서 억대 연봉자들은 명함을 받으면 나중에 상대방의 특성이나 특징을 표현할 수 있는 단어나 그림을 그려 넣는다. 그리고 만난 날짜와 이름까지 메모한다. 그렇게 함으로써 당시 만났을 때의 분위기가 되살아나기 때문이다.

억대 연봉자들은 명함은 매우 소중한 인맥자료임을 잊지 않는다.

MEMO

각종 회의시
메모 노트

- 경영회의 메모와 작성요령
- CEO의 임원회의 메모와 작성 요령
- 팀장회의를 위한 메모장
- 팀원 회의 메모장

경영회의 메모와 작성요령

제　차 경영 회의

장소:　　일시 20　　년 월 일 시부터 시까지

• 사회자: _____

• 출석자: _____

• 테마: ① _____

　　　　　_____

　　　② _____

　　　　　_____

　　　③ _____

　　　　　_____

• 토의내용 및 결과 : _____

　　　_____

• 보고사항 : _____

　　　_____

• 비고: _____

• 작성요령

① 토의내용 및 결과는 테마에 맞추어 메모한다.

② 비고란에는 그날 회의에서 특이한 사항을 메모한다.

CEO의 임원회의 메모와 작성요령

20 년 월 일(요일) AM(PM) 시

• 임원회의 ___AM(PM) 시 개최_____

_____

• 안 건: _____

_____

• 안건 요지: _____

_____

• 결정된 사항: _____

_____

• 미결된 사항: _____

_____

• 중요사항: _____

_____

_____

• 작성요령

① 안건은 중요성에 따라 순번을 정하여 메모한다.

② 결정된 사항도 중요정도에 따라 순번을 정하여 메모한다.

③ 메모한 후 중요 사항을 읽어본다.

팀장 회의 메모 노트

일시: 20　년 월　일(　요일) 장소 :

소집자:　　직위:

주제 :

중요 안건 :

결정 사항 :

미결사항 :

• 작성요령

① 중요안건은 그날 회의소집을 하게 된 동기를 메모한다.

② 결정 사항은 다음 회의 소집일도 메모한다.

팀원 미팅 메모 노트

일시: 20　　년 월　일 (요일)　AM(PM)　시 장소:

소집자: _____

_____

_____

목적: _____

_____

_____

주제: _____

_____

_____

결정사항: _____

_____

중요사항: _____

_____

• 작성요령

① 목적란에는 친목 또는 업무로 구분하여 메모한다.

② 결정 사항란에는 다음 모임이나 미팅에 대한 결정도 메모한다.

③ 중요사항은 그 날 미팅에서 기억해야 할 내용을 메모한다.

메모의 기술 4

1.녹음기를 휴대한다.

　중요한 인사나 고위직을 인터뷰할 때에는 녹음기를 휴대
하는 것이 좋다.

2.주변 사람들의 신상에 대해서도 기록한다.

　주변인의 신상에 대해서 섬세하게 적어본다.

3.스크랩을 활용한다.

　메모는 물론 신문기사 등을 스크랩을 한다.

4.현장에서 느낀 것을 메모한다.

　어디든지 직접 찾아가 그 자리에서 바로 메모한다.

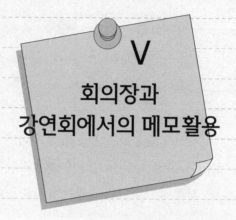

V

회의장과
강연회에서의 메모활용

짬을 이용하지 못하는 사람은 항상 짬이 없다.

-유럽 속담-

육하원칙에 의해서 메모한다

결정된 내용, 이행 시기, 누가, 해야 할 일

회의에서 결정된 사항은 항상 부하에게 정확하게 전달해야 한다. 따라서 억대 연봉자들은 회의장에서 메모할 때는 다음 사항에 대해서 육하원칙에 따라 정확하게 적는다.

① **결정된 내용**

결정된 사항은 매우 중요한 안건이므로 다른 메모와 혼동하지 않도록 따로 페이지를 정해 항목별로 정리한다.

② **이행 시기**

결정된 내용 바로 아래나 옆에 적은 다음 바로 알아볼 수 있도록 굵은 검은 사인펜이나 색연필로 아래에 줄을 그어서 표시한다.

③ **누가**

부서명과 이름을 적는다.

④ **해야 할 일**

정확하게 적는다. 차트를 사용하기도 한다.

발언 내용과 발언자를 메모한다.

각각의 발언내용과 그 발언에 대한 반론을
발언자별로 메모한다.

억대 연봉자들은 회의나 세미나 시간에도 메모한다. 그들의 메모방법은 여러 가지가 있다. 그 중에서 누구든지 따라할 수 있는 좋은 메모방법은 다음과 같다.

먼저 대학노트를 준비하고 각 페이지를 세로로 둘 또는 셋으로 나눈다. 참가자가 4명이면 좌우 페이지를 이등분하여 사용한다. 왼쪽부터 발언한 순서대로 이름을 적고 각각의 발언내용과 그 발언에 대한 반론을 발언자별로 메모한다. 따라서 누군가가 한동안 발언하지 않으면 거기에는 공간이 생기는데 이런 것에 대해서는 그는 신경을 쓰지 않고 그냥 메모한다.

참석자들을 관찰하여 메모한다.

회의석상에서 주위사람들을
관찰하는 것도 중요하다.

억대 연봉자들은 거의가 자기 분야의 업무에 대해서는 전문가이다. 따라서 회의석상에서 최고 경영진이나 오너의 뜻을 정확하게 파악한다. 그리하여 그들은 회의 중에 오너로부터 일에 대한 지시나 결정이 떨어지면 즉시 일을 시작한다.

억대 연봉자들은 회의석상에서 주위사람들을 관찰하는 것도 중요하지만 회의 때 핵심 사항, 요령, 흐름 등 오너의 취지 등을 파악하는 일에 최우선을 둔다.

또 회의가 진행되는 동안에 그들은 다른 사람들을 관찰하여 메모한 자료들을 토대로 상대방의 일의 진행 스타일이나 취향 등을 파악한다. 앞으로 상대와 함께 일을 하거나 지휘, 감독할 때 활용하기 위함이다.

업무와 관련 있는 내용만 메모한다

자신의 업무나 관심이 있는
부분만 메모한다.

회사원이나 비즈니스맨은 직책에 관계없이 사내에서만
있으면 인맥을 넓히기 어렵다. 그래서 각종 세미나와 강연
회 등에 참가하여 자기개발을 하고 동시에 인맥을 넓힌다.
이런 경우 대부분의 사람들은 강연이나 세미나를 듣기만 한
다. 다른 사람이 이야기를 할 때 고개만 끄덕거리며 감탄해
도 메모를 안 하면 이득이 없다. 인간은 망각의 동물이기 때
문에 잘 잊어버린다.

이럴 때 억대 연봉자들은 어떻게 할까?

우선 그들은 이야기의 내용을 일일이 메모하지 않는다.
장황한 이야기를 전부 적다보면 핵심이 불투명해지기 때문
이다. 따라서 자신의 업무나 관심이 있는 부분만 메모한다.
그러면 메모의 양이 줄어들고 다음에 정리할 때도 편하다.

억대 연봉자들은 이런 메모를 일정한 크기로 복사한 후
에 주제별로 정리했다가 다시 읽으면서 새로운 아이디어를
찾아낸다.

메모를 하여 자기 것으로 만든다

노트를 데이터베이스로 만들고 있다.

억대 연봉자들이 강연회나 세미나에서 하는 메모는 어쩌면 우리가 학창시절에 하는 필기와 비슷하다.

수업시간에 필기를 하는 것은 선생님이 가르치는 지식 중에서 중요한 것을 자기 것으로 만들기 위함이다. 이와 마찬가지로 억대 연봉자들이 강연회에서 강연하는 내용을 메모하는 것은 메모의 내용을 자기 것으로 만들기 위함이다.

수업시간에 열심히 필기하는 학생들이 거의 공부를 잘했듯이 강연이나 세미나에서 열심히 메모를 하는 사람들은 강연을 충실하게 들음으로써 그 내용들을 이용하여 자신의 기량과 실력을 향상시키고 있는 것이다.

어느 억대 연봉자는 강연할 때나 세미나에 참석해서 노트에 왼쪽에만 메모한다. 그는 오른 쪽에는 여백을 남겨두었다가 나중에 다시 읽으며 아이디어를 덧붙이거나 관련 자료를 복사해서 붙인다. 그는 결국 그 노트를 데이터베이스로 만들고 있는 것이다.

발표할 때의 메모

그들은 발표할 때 긴 문장으로 적지 않는다.

억대 연봉자들은 그의 뛰어난 능력으로 인해 강연이나 세미나 강의를 요청받기도 한다. 이때 그들은 이야기가 길어져 규정된 시간을 초과하거나 반대로 너무 빨리 이야기가 끝나 시간이 남는 경우가 있을 것을 대비해 자신을 컨트럴하는 메모를 준비한다.

그들은 각 항목별로 종이에 간단하게 메모하여 그것을 보면서 이야기를 풀어간다. 그들은 이 때 긴 문장으로는 적지 않는다.

문장으로 작성하여 보고 읽으면 이야기의 내용이 좋아 사람들의 마음을 끌 수 있지만 내용이 하찮을 때는 중간에 고칠 수도 없어 결과가 좋지 않기 때문이다.

우수한 강연자들은 강연을 할 때 요점이 되는 부분을 반복하여 말하고, 각 주제마다 개성 있게 이야기하여 청중들을 설득한다. 이 때 그들이 사용하는 메모는 대본에 해당되며, 그것도 한 페이지 한 줄기짜리 대본에 지나지 않는다.

신차 판매 촉진에 대한 회의

20○○년 ○월 ○일

1. 결정사항
신차에 대한 판매촉진의 하나로 TV나 신문광고
하기

2. 기간
20○○년 ○월 ~ ○일

3. 담당
책임자 : 홍보부 팀장 스미스
부책임자 : 기획부 과장 존 브라운양

4. 업무
책임자 및 부책임자는 광고 모델 선정 및 광고의
타깃, 아젠다 등을 결정한 다음 차후 다시 회의
하기로 함.

방문·예방시
메모 노트

- CEO 방문 메모와 작성요령
- 대화시 메모와 작성요령
- 손님 예방시의 메모와 작성요령
- 인터뷰 시 메모와 작성 요령
- 접대에 대한 메모와 작성요령
- 독서시 메모 노트

CEO 방문 메모와 작성요령

| 20 년 월 일(요일) |

- 방문계획 : _____

- 방문인사 : _____

- 약속시간 AM(PM)   시 _____

- 상담내용 : _____

- 중요사항 : _____

- 결정사항 : _____

- **작성요령**

① 방문 계획란에 약속시간 별로 메모한다.

② 중요사항에서는 상담 내용 중에 중요하다고 생각되는 것을 순차적으로 메모한다.

③ 방문이 끝난 후 메모 정리 시간을 갖는다.

대화시 메모와 작성요령

• 대화일시 : 20 년 월 일(요일) AM(PM) 시

• 대화상대 : _____

• 대화참가인원 : _____

• 대화주제 : _____

_____

_____

_____

• 내   용 : _____

_____

_____

• 반   응 : _____

_____

_____

_____

• 작성요령
① 대화의 주제는 가급적 재미있는 것으로 한다.
② 대화내용은 요점만 메모한다.
③ 반응은 좋고, 별로, 나쁨 등으로 적는다.

손님 예방시의 메모와 작성요령

---

20 년 월 일 (요일) AM(PM) 시

• 예방한 사람: _____ 소속: _____ 직위: _____

• 예방 목적 : _____

• 상담 내용: ① _____

　　　　　② _____

_____

• 약속 내용: _____

_____

• 해결할 사항 _____

_____

• 중요사항: _____

_____

• 작성요령

① 상담내용은 요약하여 상담한 순번대로 메모한다.

② 약속 내용은 약속시기도 메모한다.

③ 메모를 한 다음 약속내용과 해결 사항은 별도로 보관한다.

인터뷰 시 메모와 작성 요령

일 시: 20   년   월   일 AM(PM)   시 장소:

• 인터뷰 상대:_____
_____

• 내용:_____
_____
_____

• 중요사항_____
_____
_____
_____

• 특기사항:_____
_____
_____

• 작성요령
① 상대의 동의를 구한다.
② 메모지와 필기도구를 준비한다.
③ 상대에 따라 자리 배치에 유의한다.

접대에 대한 메모와 작성요령

20 년 월 일(요일) AM(PM)   시

• 접대 상대: _____

_____

• 접대 이유: _____

_____

• 접대 장소: _____

_____

• 접대 결과: _____

_____

_____

• 향후 추진내용 : _____

_____

비고 _____

_____

• 작성요령

① 향후 추진내용은 앞으로 계획하고 있는 사업이나 판매예상 상품을 메모한다.

② 접대결과란에는 접대한 목적의 성과를 메모한다.

독서시 메모 노트

독서예정기간:　월　　일 ~ 　월　　　일

독서시간 : 매일　　AM(PM)　　　　　시

읽을 책명:_____ 저자:_____

독서목적:_____

내　용:_____

_____

_____

_____

독 후 감 :_____

_____

_____

_____

중요사항_____

_____

_____

_____

• 작성요령

① 독서목적에 따라 읽을 책을 정한다.

② 메모한 뒤에는 반드시 내용을 읽어보고 첨삭할 부분이 있는지 체크한다.

③ 읽은 책에 메모할 수 있다.

메모의 기술 5

1.낙서하듯 자유롭게 메모한다.
격식과 형식을 따지지 않는다.

2.우선순위를 정한다.
처음에는 떠오르는 대로 메모했다가 정리를 할 때에는 우
선순위를 정하여 메모한다.

3.메모 내용을 수시로 체크한다.
일정을 마루리하면 '이행했음'을 메모한다.

4.수첩의 쓰임새를 달리한다.
왼쪽 주머니와 오른쪽 주머니에 각각 쓰임새가 다른 수첩
을 넣는다.

5.개선을 위해 메모지를 활용한다.
생활개선을 위해서 메모한다.

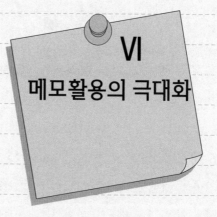

VI
메모활용의 극대화

그대는 인생을 사랑하는가? 그렇다면 시간을 낭비하지
말라. 왜냐하면 시간은 인생을 구성하는 재료이니까.

-벤저민 프랭클린-

사소한 것도 메모하는 습관

억대 연봉자들은 획기적인 아이디어가 떠올라
메모도 하지만 낙서하듯 자신의 감정을 메모한다.

억대 연봉자들은 반드시 거창한 이론이나 목적이 확실한 것만을 메모하는 것은 아니다. 어떤 생각을 이론으로 정립하지 않은 것도 메모한다.

그들은 그렇게 메모한 것이 나중에 도움이 될지를 따지지 않고 주머니에 수첩이나 메모지를 가지고 다니다가 생각이 떠오르면 적는다. 회사를 방문하여 대기 중에도, 친구를 만나기로 약속하고 기다리는 짧은 시간 중에도, 또한 영화를 관람하러 갔다가 영화 시작 전에도 때와 장소를 가리지 않고 그때 그때 떠오르는 생각이나 아이디어를 적는다.

억대 연봉자들은 획기적인 아이디어가 떠올라 메모도 하지만 낙서하듯 자신의 감정을 메모한다. 이 메모는 굳이 목적을 붙인다면 메모하는 습관을 갖기 위해서이다.

그들은 정리되지 않는 말이 떠올라도 적는다. 이런 메모를 통해서 우울하고 침울한 기분을 전환시키기도 하고 복잡한 마음을 정리하기도 한다.

이런 메모는 부정적인 사고방식을 가진 사람들이나 걱정 근심이 많은 비즈니스맨들이 많이 사용하고 있다.

업무에는 별로 도움이 되지 않지만 자신이 좋아하는 시詩나 추억을 써본다. 이런 것들은 엄격히 말해 잡기장이라고 할 수 있는데, 그들은 이것을 항상 가지고 다니면서 메모를 하면서 정신세계와 마음의 세계를 넓히고 있는 것이다.

⚡ 잠깐! 비즈니스 영어상식 9

미팅이나 프레젠테이션을 할 때 자주 사용하는 용어

미팅이나 프레젠테이션을 할 때 흔히 "저는 이렇게 생각합니다."라는 말을 자주 사용한다. 자주 쓰는 영어 표현은 다음과 같다.

"제 생각은 이렇습니다."
Here is what I think.(제 생각은 이렇습니다.)
What I think is as follow.(제 생각은 다음과 같습니다.)
Let me share with you what I think.(제 생각을 말씀드리면 이렇습니다.)
What I am trying to say is this.(제가 드리는 말씀은 이렇습니다.)

좋은 생각이 떠오를 때

메모할 때 일부러 많은 것을 생각하지 않는다.

억대 연봉자들은 순간적으로 떠오르는 발상을 어떻게 메모할까?

어떤 생각이나 발상은 시간과 공간을 따지지 않고 떠오른다. 지하철 안에서 기발한 아이디어가 떠오를 때도 있고, 목욕하는 중에도 떠오른다. 이런 경우 보통 사람들이나 일반 샐러리맨들은 '나중에 메모해야지' 하는 생각을 하고 그 자리에서 메모하지 않는다. 그러나 억대 연봉자들은 그 즉시 메모한다. 그것은 그 때를 놓치면 30분도 지나지 않아 잊어버리기 때문이다.

억대 연봉자들은 회의 중에 누가 아주 인상적인 말을 하면 그 즉시 메모한다. 또한 길을 가다가도 기발한 아이디어가 번뜩 떠오르면 그 자리에서 메모지를 꺼내어 적는다.

습관은 반복함으로써 자신의 것이 된다. 메모하는 습관

을 갖기 위해 억대 연봉자들은 수첩을 끄집어내기 좋게 가방 깊숙이 보관하지 않고 와이셔츠 윗주머니나 양복 속주머니에 필기도구와 함께 가지고 다닌다.

그들은 메모할 때 일부러 많은 것을 생각하지 않는다. 그저 펜을 끄집어 내어 수첩에 뭔가 적기 시작한다. 그리하여 펜을 움직이다가 뭔가 아이디어기 떠오르면 그 즉시 망설이지 않고 메모한다.

MEMO

좋은 아이디어에는 표시를 해둔다

어느 부분이 좋은 아이디어인지 명확하게 표시를 해둠으로써 나중에
활용할 수 있다.

누구든지 회의나 협상 중에 좋은 아이디어가 떠오르거나
힌트를 얻는 경우가 많다.

이 때 억대 연봉자들은 메모를 한다. 메모를 할 때는 메
모 맨 앞에 시간, 장소, 주제 등을 표시한다. 이 세 가지를
먼저 적는 것은 메모에 기록된 내용들을 추후에 활용하기
위함이다. 따라서 페이지 맨 앞 왼쪽에 주제와 시간, 장소를
적고, 그 아래에 그 날에 이야기 한 내용을 적는다.

회의 중에 발언자의 말이 좋은 아이디어라고 생각하면
그곳에 동그라미로 표시를 한다. 어느 부분이 좋은 아이디
어인지 명확하게 표시를 해둠으로써 나중에 활용할 수 있기
때문이다.

이야기가 확대되면 점선으로 표시하여 관련된 말을 표시
한다. 이처럼 선으로 연결하여 메모한 것이 의외로 중요한

120

사항이 있을 수 있다고 그들은 말한다.

그러나 사람의 생각은 변하기 마련이라 억대 연봉자들이 회의 중에 좋은 아이디어라고 생각되어 표시를 했는데 나중에는 별로 참고할만한 내용이 아닌 경우도 많다고 한다. 또 잘못 활용할 수도 있는 내용도 있을 수 있으므로 그런 내용에는 별도로 표시를 해둔다.

어쨌든 회의 중에 좋은 아이디어를 찾으려고 정신을 집중하며 좋은 생각이라고 여겨지는 것은 반드시 메모하는 것이 억대 연봉자들의 습관이다.

잠깐! 비즈니스 영어상식 10

New Year's Greeting

새해에 메일이나 서한으로 인사를 할 때

New year's Greeting!
Season's Greeting to you!
May the New year bring to you Happiness!
I wish you a Happy New Year!
Best wishes for the coming New Year!

아이디어를 잊지 않으려고 할 때

보통 사람들이 한 귀로 듣고 넘기는 말도 메모했다가 그 말의 의미를
활용하여 좋은 아이디어로 활용하고 있다.

아이디어가 번뜩일 때 그 아이디어를 잊지 않으려고 메
모를 한다. 이 때 메모는 방법이 중요한 것이 아니라 잊지
않으려는 마음자세가 중요하다고 할 수 있다.

보통 사람들이 듣기에는 별로 좋은 아이디어라고 생각하
지 않는데 억대 연봉자들은 그것을 듣고 그것이 매우 유익
한 것이라고 생각하여 메모를 한다.

또 우리 일반 사람들도 같은 말이라도 특별한 장소에서
듣게 되면 그 말의 의미를 새삼스럽게 확인하게 된다. 말은
이해하는 정도에 따라 의미가 달라질 수 있는 것이다.

따라서 억대 연봉자들은 주위에서 우리가 흔히 듣는 말
도 색다른 의미를 부여해 메모를 해두었다가 나중에 활용하
는 수가 많다. 이런 경우를 비유하자면 우리가 음식점에서
흔히 볼 수 있는 소스도 주인이 몇 년 동안 연구한 결과 그

집만의 독특한 맛을 내는 경우와 같은 이치라고 할 수 있다.

억대 연봉자들은 보통 사람들이 한 귀로 듣고 넘기는 말도 메모했다가 그 말의 의미를 활용하여 좋은 아이디어로 활용하고 있다.

MEMO

해결되지 않은
문제를 확인하기 위한 메모

메모판을 다시 읽으면서 해결해야
할 일을 구상한다.

억대 연봉자들은 메모 수첩에 적혀있는 내용들을 계속 확인하는 과정에 해야 할 일의 순서를 찾는다. 다음에 할 일이 눈에 들어오면 다른 일들은 거들떠 보지도 않는다. 단순히 마음에 걸렸던 일들이나 이미 관심이 없던 일들은 미련 없이 버린다.

그들은 메모 수첩을 자신의 머리와 마음이라고 생각한다. 따라서 메모 수첩을 정리하면 마음속에 품고 있던 답답함과 고민도 깔끔하게 없앤다. 결국 그들의 메모 수첩에는 해야 할 일만 남게 된다. 이런 일련의 과정을 통해서 그들은 홀가분하고 상쾌한 기분을 갖게 되는 것이다.

메모 수첩 대신 메모판을 사용하는 억대 연봉자들도 있다. 또한 어떤 억대 연봉자는 노트를 메모판 대신에 사용하는 사람도 있다. 그들은 그 메모판 위에 '해결되지 않은 문제들'이란 타이틀을 붙여놓고 매일 밤 잠들기 전에 읽어본다. 그리고 아침에 일어나서 그 메모판을 다시 읽으면서 해결해야 할 일을 구상한다.

또 밤에 '신경 쓰이는 일'이라는 메모판에는 그 날 신경을 많이 쓰게 된 일들을 메모한다. 아침에 일어나서 그것을 읽어보면서 별로 대수롭지 않은 일을 신경을 많이 썼다는 것을 깨닫고는 그 메모판에 굵은 펜으로 X선이나 밑줄을 긋고 그 밑에 정말로 신경 쓰이는 일은 다시 기록한다.

억대 연봉자들은 생각하기에 따라서 무의미한 것 같지만 머릿속에 잠재되어있는 것을 메모를 통해서 다쏟아내버리고 홀가분한 마음으로 하루를 시작하는 것이다.

MEMO
- -
- -
- -
- -

귀로 듣는 정보를 정리하려고 할 때

단지 말을 녹음하는 것이므로 언제 어디서나 부담 없이 자신이 접한
정보를 음성으로 남긴다.

텔레비젼을 보거나 라디오를 듣다가 우연히 자신이 원하
는 정보를 얻을 때가 많다. 그러나 순간적인 일이라 대강의
내용은 알지만 완전히 파악하지 못하는 경우가 있다.

이런 경우 억대 연봉자들은 소형카세트 녹음기나 IC 레
코더를 사용한다. 단지 말을 녹음하는 것이므로 언제 어디
서나 부담 없이 자신이 접한 정보를 음성으로 남긴다.

이 때 그들은 정보를 녹음하는 것만으로 끝나지 않고 나
중에 반드시 문자화한다. 손으로 직접 쓰기도 하고 워드작
업을 하기도 한다. 그들은 구체적인 정보가 필요할 때를 대
비해 정보를 얻는 매체, 방송국, 날짜와 시간, 연락처를 알
아서 메모해 둔다.

이 때 그들은 구체적인 숫자와 단어는 반드시 기록한다.
그리고 여러 번 반복하여 들으면서 확인하여 기록한다.

복사할 수 있는 자료들은
복사해둔다

중요한 것들은 자신이 가지고 다닐 수 있는 정도의 크기로 복사하여
파일에 철해둔다.

오늘날 하루에도 수많은 서류와 신문 잡지기사, 전표 등 잡다한 정보들이 물밀 듯이 쏟아져 들어온다. 그 많은 정보를 정리하지 않고 책상에 쌓아두면 어지러워 쓰러질 지경이 될 것이다.

이때 억대 연봉자들은 정보가 매우 다양하고 많을 경우 중요한 것들은 자신이 가지고 다닐 수 있는 정도의 크기로 복사하여 파일에 철해둔다. 그리고 한가할 때 한 손에 두세 가지의 볼펜을 들고 읽어나간다. 어떤 내용인지 확인하는 것이다.

복사해서 정리할 때는 지상의 여백 등에 그 정보에 대한 느낌이나 생각 등을 간단하게 적어둔다. 그냥 정리만 하지 않고 파일에 보관한다. 물론 모든 기사나 정보를 그렇게 하지 않고 그들 자신에게 필요하거나 보관할 가치가 있다고

판단된 것만 보관한다.

　신문 기사의 경우 어떤 기사는 글자의 크기가 작아 읽기에 불편한 것도 있다. 그런 것은 확대 복사해서 동일한 크기로 만들어 보관한다.

　억대 연봉자들은 자신에게 필요한 정보는 소홀히 하지 않고 보관하였다가 활용한다.

잠깐! 비즈니스 영어상식 11

한동안 소식이 없을 때

한동안 소식을 못 들었습니다. 별일 없으십니까?
I have not heard from you for sometime.
How is life treating your lately?

It's been a while since I heard from you.
How are you doing these days?

It's been a while since we last communicated.
Anything a new happened recently?

주제별 파일 상자를 만들어 보관한다

메모를 함으로써 머릿속이 정리되고 기사를 보지 않아도 키워드가 적혀있으므로 정리할 때 편하게 이용한다

억대 연봉자들에게는 신문 특히 경제신문은 매우 중요한 정보원이다. 대부분의 사람들은 대충 훑어보지만 억대 연봉자들은 관심 있는 기사는 오려서 스크랩 해둔다.

이럴 경우 같은 크기로 복사를 해둔다. 왜냐하면 정리하기가 편하기 때문이다.

억대 연봉자들이 정보를 보관하는 방법은 다음과 같다.

① 먼저 주제별로 파일 상자를 준비한다.

주제나 특성에 따라 개수도 달라지지만, 보통 파일 상자의 크기에 따라 개수도 달라진다.

② 준비한 파일 상자에 '경제' '금융' '기획' 등 각각 주제를 붙인다.

③ 오려둔 기사는 그때그때 해당파일 상자에 보관한다. 단, 입수된

날짜를 기입한다.

④ 이때 키워드나 기억하고 싶은 글을 여백에 적는다.

⑤ 한 달에 한 번 정도 시간을 내어 파일 상자 안에 들어있는 기사
들을 다시 정리한다.

⑥ 복사할 때 보관하기 좋게 하기 위해 같은 크기로 보관한다.

오려둔 기사 내용을 다시 훑어보며 관심 있는 분야에 메
모한다.

메모를 하지 않는 비즈니스맨들도 많지만 억대 연봉자들
은 이렇게 메모를 함으로써 머릿속이 정리되고 기사를 보지
않아도 키워드가 적혀있으므로 정리할 때 편하게 이용한다.

MEMO

강연 · 세미나시
메모 노트

강연시 메모와 작성요령

일시: 20   년 월 일(요일) AM(PM)   장소

- 강연대상:

- 강연주제:

- 강연목적:

- 강연 내용:

- 중요사항:

- 작성요령
① 강연 내용은 요약해서 메모한다.
② 오늘 강의에서 강조할 점을 중요사항란에 메모한다.
③ 특기사항란에는 청중들의 반응을 메모한다.

스피치를 위한 메모와 작성요령

20 년 월 일 (요일)

- 과제:
  _____
  _____

- 징찬 내용: _____
  _____
  _____

- 질책 내용: _____
  _____
  _____

- 미래 비전제시: _____
  _____
  _____

- **작성요령**

① 과제에서는 목표달성 우선이나 사고방지 강화 등을 말한다.

② 노력이나 집무 자세에 대해서 칭찬할 내용을 메모한다.

③ 미래 비전제시에서는 미래의 목표확립 등에 대해서 메모한다.

연수시 메모와 작성요령

일시: 20 년 월 일(요일) AM(PM) 시 장소:

• 연수대상:＿＿＿＿＿＿＿＿＿＿＿＿＿＿＿＿＿＿＿＿
＿＿＿＿＿＿＿＿＿＿＿＿＿＿＿＿＿＿＿＿＿＿＿

• 연수목적:＿＿＿＿＿＿＿＿＿＿＿＿＿＿＿＿＿＿＿＿
＿＿＿＿＿＿＿＿＿＿＿＿＿＿＿＿＿＿＿＿＿＿＿

• 연수주제＿＿＿＿＿＿＿＿＿＿＿＿＿＿＿＿＿＿＿＿
＿＿＿＿＿＿＿＿＿＿＿＿＿＿＿＿＿＿＿＿＿＿＿

• 연수내용:＿＿＿＿＿＿＿＿＿＿＿＿＿＿＿＿＿＿＿＿
＿＿＿＿＿＿＿＿＿＿＿＿＿＿＿＿＿＿＿＿＿＿＿

• 중요사항:＿＿＿＿＿＿＿＿＿＿＿＿＿＿＿＿＿＿＿＿
＿＿＿＿＿＿＿＿＿＿＿＿＿＿＿＿＿＿＿＿＿＿＿

• 특기사항:＿＿＿＿＿＿＿＿＿＿＿＿＿＿＿＿＿＿＿＿
＿＿＿＿＿＿＿＿＿＿＿＿＿＿＿＿＿＿＿＿＿＿＿
＿＿＿＿＿＿＿＿＿＿＿＿＿＿＿＿＿＿＿＿＿＿＿

• 작성요령
① 내용을 요약해서 메모한다.
② 중요사항은 오늘 연수에서 강조할 내용을 미모한다.
③ 특기사항 란 에는 오늘 연수받은 청중들의 반응을 메모한다.

세미나 메모 노트

일시: 20   년 월 일 (요일) AM(PM) 시 장소:

• 연 수 자: _____
_____

• 연수목적: _____
_____

• 연수내용: _____
_____
_____

• 중요사항: _____
_____
_____

• 특기사항: _____
_____
_____

• 작성요령
① 연수자는 기업은 기업명을 메모한다.
② 중요사항에서는 오늘 연수에서 특히 강조할 점을 메모한다.
③ 특기사항은 오늘 연수자들의 반응을 메모한다.

메모의 기술 6

1.중요도와 급한 정도에 따라 일을 구분한다.
해야할 일을 메모할 때에는 중요도와 급한 정도에 다라 우
선순위를 정한다.

2.아이디어를 메모해 제안서로 제출한다.
아이디어뿐만 아니라 사소한 기록, 궁금한 사항 등을 메모
한다.

3.다양한 메모도구를 사용한다.
길을 가다가도 필요하면 손바닥에 메모한다.

4.가족끼리 화이트 보드를 이용한다.
화이트보드를 벽에 걸어놓고 가족들 각자 해야할 일이나
감사한 일 들을 기록한다.

5.만난 사람을 메모한다.
한 번 인사를 나눈 사람을 잘 기억나지 못할 경우 인상착
의, 이름 등을 메모해 둔다.

제2부

억대 연봉자의 스케줄 수첩 작성법

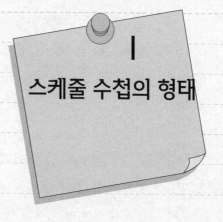

I
스케줄 수첩의 형태

돈이 상품의 척도이듯, 시간도 상업의 척도이다.

-F 베이컨-

시간을 지배하는 사람이 된다

오늘 하루를 자신의 의지대로 가치 있게 사용하기 위해서는
스케줄 수첩이 필요하다.

자신이 하려고 마음먹은 일을 언제나 예정대로 마무리
하고 있는 사람은 많지 않다.

누구나 시간에 쫓겨서 하던 일을 대충 끝낸 적은 종종 있
을 것이다.

억대 연봉자들은 위의 문제에 대해서는 남의 일이다.

왜냐하면 그들은 살아가는 도중에 정말로 중요한 일이나
하고 싶은 일을 '시간이 없다.'는 단 한 가지 이유 때문에
하지 못한 경험은 한 번도 없기 때문이다. 그들은 시간을 지
배하기 때문이다.

그들은 무슨 일을 할 때에 시간이 조금만 더 있어도 그런
실패를 하지 않을 텐데 하고 아쉬워 하는 일은 없다. 그것은
모두가 시간을 효과적으로 사용하기 때문이다. 그들은 인생
의 주인공이 자신이라는 것을 확실히 알고 있는 사람들이

다.

지금 하고 싶은 일이 있는데 시간이 없어서 못한다고 한다면 자신의 인생의 주인공은 '시간'이고 자신은 조연에 불과하다. 이런 삶이 옳다고는 말할 수 없을 것이다. 자신의 인생에서 주인공은 어디까지나 자기 자신이어야 하니까.

자신의 인생이란 자신이 살아가는 시간 전부를 가리킨다.

그것은 10년은 1년이 쌓인 것이고, 1년은 하루가 쌓인 것이며, 하루는 1시간, 1분이라는 시간이 모인 것이다. 따라서 인생이란 현재의 5분, 현재의 30분이 모인 것이다.

따라서 현재 30분을 유효하게 자신의 마음대로 쓰지 못할 때 오늘 하루 24시간도 가치 있게 사용하지 못하게 되는 것이다. 그러므로 현재의 30분 더 나아가서 오늘 하루를 자신의 의지대로 가치 있게 사용하기 위해서는 누구에게나 스케줄 수첩이 필요한 것이다.

반드시 한 권으로 한다

한 눈에 볼 수 있도록 한 권으로 만드는 것이
가장 효과적인 방법이다.

억대 연봉자들이 스케줄 수첩을 만드는 데 있어서의 기본원칙은 한 권으로 한다는 것이다.

스케줄 수첩이란 자신의 시간을 눈에 보이는 상태로 만드는 것이며, 자신의 인생을 구성하는 '시간' 이란 요소를 잘 사용하기 위해 시간을 구체적인 상태로 만드는 것이며 또한 이것이 스케줄 수첩의 역할이다. 따라서 그들의 스케줄 수첩은 한 권이다.

스케줄 수첩을 업무용과 사생활용을 구분하여 업무용은 회사에 두고 다니고, 사생활용은 가지고 다니는 사람이 있는데, 억대 연봉자들은 이런 비효율적인 방법을 사용하지 않는다.

'자기 자신' 이라는 사람이 가진 24시간 전부가 그들의 인생을 구성하는 요소이므로 한 번에, 한눈에 볼 수 있도록

한 권으로 만드는 것이 가장 효과적인 방법이다.

만일 스케줄 수첩이 한 권이 아니고 두 권 또는 여러 권이라고 할 때, 이 시간에는 이 수첩을 보고 저 시간에는 저 수첩을 봐야 한다는 식으로 분산하게 된다. 따라서 행동도 원활하게 이어지지 못하고, 하고 있는 일에도 일관성을 잃게 되기 쉽다.

억대 연봉자들에게는 스케줄 수첩은 자신의 24시간이 헛되이 낭비 없이 순조롭게 진행하도록 돕는 도구이다. 즉 시간을 짜 맞추는 도구인 것이다. 따라서 그들은 스케줄 그 자체를 업무용과 사생활용으로 구분하지 않으며, 그렇게 되면 사용하기만 복잡해진다.

무엇보다도 억대 연봉자들은 한 사람이 몇 시부터 몇 시까지는 업무용, 몇 시부터 몇 시까지는 사생활용이라고 구분할 수 없기 때문이다. 그러므로 수첩은 한 권 이상은 그들에게는 필요치 않은 물건일 뿐이다.

노트 타입이 좋다

크지도 않는 노트 타입의 B5형을 애호하고 있다.

문구점 수첩 코너에 가면 각양각색의 수첩이 있다. 크기와 모양이 참으로 다양하다.

좌우 양 페이지를 펼치면 한 달이 보이는 타입이 있는가 하면, 한 페이지에 1주일분이 있는 타입이 있고, 한 페이지에 한 달이 들어가 있는 캘린더 타입 등 여러 가지가 있다.

또한 스타일도 여러 가지다. 날짜가 가로로 적혀있는 것이 있는가 하면, 세로로 적혀있는 타입, 시간이 한 시간 단위로 나뉘어있는 타입, 30분 단위로 나뉘어있는 타입, 시간축이 아예 없는 타입, 링에 끼우는 타입, 노트 타입 등 여러 가지가 있다.

크기에도 B4사이즈, A4사이즈, 작게는 손바닥만한 것도 있다.

수첩을 고르는 기준은 사람마다 제각 다르다. 그러나 각

나름대로 장단점이 있다.

크기가 A4 형태는 많이 기록할 수 있고 세밀하게 적을 수 있는 장점도 있지만 가지고 다니기가 불편하다. 따라서 사무실 책상 위에 놓아두기가 쉽고 가지고 다니지 않게 된다.

따라서 억대 연봉자들은 휴대하기가 간편하면서도 최대로 큰 사이즈로는 B5사이즈를 택한다. 주말에 나들이 할 때는 가방에 넣을 수도 있고, 서류가 잔뜩 채워져 있는 비즈니스 백이나 소위 007가방에도 넣을 수가 있기 때문이다.

따라서 억대 연봉자들은 완전히 펼쳐지고 단번에 1년간을 훑어볼 수 있으며 그렇게 크지도 않는 노트 타입의 B5형을 애호하고 있다.

MEMO

시간 축은 30분 단위로
되어있는 것이 좋다

시간 축을 위주로 하는 수첩으로는 아침 6시부터 밤 11시까지 30분
단위로 시간 축을 작성한다.

해마다 새해 수첩이 등장하기 시작하는 9월이 되면 문방
구에는 크기와 색깔, 디자인 등에서 여러 가지가 진열되어
있다. 수첩마다 장단점이 있고, 사람의 취향에 따라 여러 가
지를 선택할 수 있다.

시간 축을 위주로 하는 수첩으로는 아침 6시부터 밤 11시
까지 30분 단위로 시간 축을 작성된 수첩도 있고, 1시간 단
위로 한 것도 있으며, 심지어 15분 단위로 시간 축을 한 것
도 있다.

15분 단위로 된 수첩은 억대 연봉자들에게 1~2년 특별히
중대한 시기에는 적합할 수도 있다. 1~2년 동안 자신을 집
중적으로 자신의 시간을 작게 나누어 철저하게 인식하고 머
리에 새겨 넣어 생각과 행동, 성과의 관계를 15분이라는 단
위로 발견해야 할 때는 15분 단위로 시간 축을 한 수첩이 필

요할 것이다.

수첩의 사이즈를 고려할 때 A4 형태의 수첩은 적을 공간이 많은 장점도 있으나 365일 가지고 다녀야 한다는 점에서는 좀 불편한 것일 수도 있다.

B5사이즈는 A4사이즈 보다 작으므로 15분 단위로 했을 때는 적기에는 불충분하다. 하지만 웬만한 분량의 메모를 적기에는 알맞고 크기도 가방 속에나 양복 주머니 속에 넣고 다닐 수 있으므로 유리하다. 따라서 억대 연봉자들은 수첩에 기록해야 할 정보는 언제, 어디서나 있을 수 있으므로 휴대하기에 간편한 수첩을 택한다.

따라서 억대 연봉자들은 휴대하기에도 간편하고 실용성이 있는 수첩으로는 B5사이즈에 노트타입, 30분 단위, 세로 방향 진행의 수첩을 좋아한다.

수첩을 작성할 때의 원칙

스케줄 수첩은 그들 자신을 관리하는 도구이므로
매시간을 능률적으로 보낸 방법에 대해서 연구한다.

억대 연봉자들의 수첩을 펼치면 몇 가지 색의 펜으로 적혀있으나, 특별히 무슨 일에는 어떤 색 등의 구별은 하지 않는다. 다만 그때그때 손에 잡히는 펜으로 적는다.

억대 연봉자들은 어떤 색에 대해서 집착하지 않는다. 그들이 염두에 두는 것은 수첩을 보고 곧 이해할 수 있도록 하는 것이다. 읽고 이해하는데 시간이 걸려서는 곤란하기 때문이다. 그러므로 너무 여러 색깔로 복잡하게 사용하지 않는다.

억대 연봉자들이 스케줄 수첩을 사용하는데 있어서 기본이 되는 것은 수첩을 충분히 사용하도록 하기 위한 시간을 따로 투자하지 않고 그 자신의 것으로 만들면서 성과를 낸다는 점이다. 쓸때 마다 이 색깔 저 색깔을 나누어 쓰느라 시간이 걸린다면 비효율적이기 때문이다.

억대 연봉자들이 수첩을 적을 때 원칙은 다음과 같다.

첫째, 보기 쉽고 이해하기 좋게 한다.

둘째, 어떤 행동을 할 때 처음과 끝을 적어 기억해야 할 때에는 동그라미로 표시한다.

셋째, 중요한 안건에서 필요되는 시간의 전체에는 세로선을, 시작과 끝 사이에는 화살표로 표시한다.

스케줄 수첩은 억대 연봉자들이 시간을 효율적으로 사용하기 위해 사용하는 도구이다.

그리고 시간을 효율적으로 사용한다는 것은 곧 자신의 시간 전체를 효과적으로 활용하여 행복한 인생을 만드는 일이므로, 이것들을 위한 계획표인 스케줄 수첩은 그들이 항상 몸에 지니고 다닌다.

억대 연봉자에게 스케줄 수첩은 다른 사람에게 보이기 위한 전시용이 아니라 자기 자신을 관리하는 도구이며 그들은 매시간을 능률적으로 보낸 방법에 대해서 항상 생각한다.

아날로그 수첩과 디지털 수첩

공동 프로젝트의 진행관리를 위해서는 정보의 투명도가 높은 디지털
에 의한 관리가 최상의 방법

최근에 컴퓨터의 보급과 IT 산업이 발전하면서 전자수첩
이나 컴퓨터로 자신의 일정을 관리하는 사람들이 많다. 그
러나 억대 연봉자들은 디지털수첩과 아날로그 수첩을 완전
히 달리 이용한다.

개인휴대 단말기 등 디지털 방식을 이용한 시간관리는
프로젝트를 관리하거나 회의 일시를 정리할 때 편리하다.

일반적으로 하나의 프로젝트를 한 사람이 담당하는 경우
는 드물므로 당연히 진행계획이나 진척 상황에 관한 정보를
여러 사람이 주고받으며 협력하여 성과물을 만들어간다. 따
라서 이렇게 공동 프로젝트의 진행관리를 위해서는 정보의
투명도가 높은 디지털에 의해 관리한다.

누가 언제 무엇을 하고 있는지, 몇일까지 무엇을 해야 하
는지 등을 기록해두면 사내의 모든 사람들이 프로젝트의 진

행 상황을 확인할 수 있기 때문이다. 억대 연봉자들은 이런 정보를 자신의 단말기에 받아 상세히 기록해 둔다. 회사와 같은 조직 내에서 일할 때에는 무엇보다도 정보의 일원화와 공유가 중요하고 또한 이것이 프로젝트의 성공과 실패를 좌우하는 열쇠가 되기 때문이다.

하지만 프로젝트에 관한 일일지라도 개인의 업무 차원에서는 그 사람이 언제 무슨 아이디어를 생각하고 준비하려고 계획하고 있는지에 대한 상세한 내용까지 모든 사람이 알 수는 없다. 따라서 스케줄 수첩은 시간 분배 계획표이므로 억대 연봉자들은 메모하고 가지고 다니며 자신의 계획대로 일을 완료해가는 데에 편리한 아날로그 수첩을 주로 사용한다.

억대 연봉자의 디지털 스케줄 수첩에는 조직의 목표를 달성하기 위해 공유하는 시간을 관리하지만, 그것을 실현하기 위한 사전의 준비로서 자신이 무엇을 언제 할지는 아날로그 수첩에 기록하여 실행한다.

그들은 항상 자신의 행동과 스케줄을 대조하면서 구성원으로서의 준비와 조직 전체의 스케줄을 예정대로 진행하여 실제성과로 이어지기 위해 두 도구를 적절히 사용한다.

오늘의 우선 업무 작성을
위한 수첩

오늘의 우선업무 작성

3

월요일
2010년 5월

	SUN	MON	TUE	WED	THU	FRI	SAT
						1	2	3

√ 완료(Completed)
— 연기(Forward)
× 취소(Deleted)
▽ 위임(Delegated)
● 진행중(In Process)

SUN	MON	TUE	WED	THU	FRI	SAT
					1	2	3
4	5	6	7	8	9	10
11	12	13	14	15	16	17
18	19	20	21	22	23	24
25	26	27	28	29	30	

ABC   오늘의 우선업무

일 일 지 출

AM

7

8

9

10

11

12

1

2

3

4

5

6

7

8

PM

예정일정

3

월요일
2010년 5월

√ 완료(Completed)
← 연기(Forward)
× 취소(Deleted)
▽ 위임(Delegated)
● 진행중(In Process)

SUN	MON	TUE	WED	THU	FRI	SAT
					1	2
4	5	6	7	8	9	10
11	12	13	14	15	16	17
18	19	20	21	22	23	24
25	26	27	28	29	30	

A B C   오늘의 우선업무

일 일 지 출

AM

7

8

9

10

11

12

1

2

3

4

5

6

7

8

PM

2010

Week 12

SATURDAY 19(토)

5

6

7

PM

우선업무	우선업무	우선업무

오늘의 기록사항 수첩

20 년   월

오늘의 기록사항

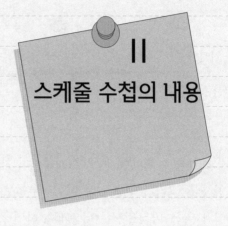

II
스케줄 수첩의 내용

시간이란 그 자체가 하나의 요소이다.

-괴테-

자신과의 약속이나
다짐을 메모한다

자신이 무엇을 하고 싶던지 머릿속에 들어있는 그 것을 일정에 넣은
다음 스케줄 수첩에 적는다.

스케줄 수첩에는 물론 스케줄이나 계획을 적는 것은 당연하다. 그러나 억대 연봉자들은 무엇보다도 자신과의 약속이나 마음 다짐을 적는다. 왜냐 하면 스케줄 수첩은 그들 "자신"의 행동기록이며 어떤 의미에서는 소중한 일기이기 때문이다.

많은 사람들이 머릿속에는 이것도 하고 싶고, 저것도 하고 싶다는 생각이 들어있다. 그러나 그런 생각을 제대로 실행하지 못한다. 그런데 실행하지 않은 이유를 살펴보면 애초에 행동계획에 포함되어 있지 않았던 것이다. 다시 말해 매일매일 행동 계획에 그것이 들어있지 않았으니 실행에 옮기지 못하는 것은 당연하다.

억대 연봉자는 자신이 무엇을 하고 싶던지 머릿속에 들어있는 것을 일정에 넣은 다음 스케줄 수첩에 적는다. 이렇

게 하면 그 일이 하기가 쉬워지기 때문이다. 또한 스케줄 수첩에 적어 있으면 그것을 보는 순간 '아 이 시간에는 이것을 해야 하겠구나.' 하고 자명종 같은 효과를 내기 때문이다.

억대 연봉자는 스케줄 수첩을 사용하여 스스로 정한 목표를 달성하기 위한 실현의 시간을 분배하고 있다.

잠깐! 비즈니스 영어상식 12

늦은 회신에 대한 사과

일찍 회신하지 못한 데 대해서 사과드립니다. 용서를 바랍니다.
Please forgive me for not writing earlier.
Please forgive me for not keeping in touch.
I am sorry I could not get back to you earlier.
I am sorry I did not respond to your email right away.

하고 싶은 것은 모두 적는다

1년 목표를 세우는 순간 이미 목표가 행동계획에 들어있어서 달성할
확률이 높아진다.

억대 연봉자가 먼저 마음속에 하고 싶은 것이 있으면 그
것을 스케줄 수첩에 어떻게 적는 것인지 살펴본다.

예를 들어서 한달에 한번씩 L.A.에 살고 있는 부모님을
방문한다는 계획을 세웠다고 하자. 그것을 그냥 수첩 끝에
올해의 목표라고 적으면 실천하기 어렵다. 스케줄 수첩에
그 목표를 구체적으로 나타내어 기록한다.

지금 만일 6월초라면 아예 6월 방문 날짜까지 적는다. 그
런데 수첩에 적을 때 날짜를 너무 가깝게 잡지 않는다. 따라
서 6월 중순이나 하순으로 잡는다. 6월 18일 토요일로 결정
했다면 수첩 6월 18일자 란 오후 3시와 4시 사이에 'L.A.
부모님 한 달에 한 번 방문'이라고 적은 다음 3시에 동그라
미로 표시한다.

다음 달 7월 토요일 날짜 중에서 어느 하루를 적은 다음
다시 'L.A. 부모님 한 달에 한번 방문'하고 적는다. 이렇게

매달 수첩에 1년 치를 적어놓는다.

　1년간 매달 실천하겠다고 한 목표는 지금 당장 1월부터 12월까지 모든 달의 일정을 선택하여 쓴다. 이렇게 하다 보면 1년 목표를 세우는 순간 이미 목표가 행동계획에 들어있어서 달성할 확률이 높아지기 때문이다.

　수첩 뒤에 올해의 목표라고 써놓아도 실행하지 못한 사람과 달성하는 사람과의 차이는 바로 여기에 있는 것이다.

　'특별히 하는 일도 없이 왜 이렇게 바쁜지 L.A. 부모님을 찾아뵙는 것도 이렇게 힘이 드나' 하는 그들의 말이 하나의 푸념으로 끝나지 않고 목표로 바뀌고 그리고 그 일이 현실로 다가온 것이다.

오늘의 스케줄

• PM

• AM

정기적인 일정은
1년치를 정리하여 써둔다

자신의 시간에 확실히 써넣어서 그 날 그 시간에 다른 일은 피하게 되고 예정
대로 계획한 일을 하게 되는 것이다.

억대 연봉자들은 한 달에 한 번 하는 식으로만 적어 놓지 않는다. 왜냐하면 구체적이지 않고 실행에 옮기기 불투명하기 때문이다. 따라서 날짜와 시간을 정확히 정하고 그 시간대에 기록해 두어 실천할 확률을 높인다. 억대 연봉자는 뭔가를 하겠다는 생각이 들면 구체적으로 몇 일, 몇 시를 정하는 습관을 들인다.

이제 정기적인 일정에 대해서 생각해 보자. 예를 들어서 그들이 1주일에 한 번 영어 강의를 듣기로 했다고 하자.

'월요일은 안 되고 화요일도 곤란하지, 수요일은 더 바쁠 것 같고, 그러면 금요일도 더 곤란 할 것 같은데'

이렇게 1주일에 한 번 실천하는 계획조차 결국 흐지부지 되고 만 경험은 누구나 한 번쯤은 있을 것이다.

따라서 그들은 우선 1주일에 한번 하는 강의 듣는 요일과 시간을 정하는 일부터 시작한다. 여기서 중요한 것은 그들은 1주일에 한 번이라는 모호한 표현을 사용하지 않고 매주

무슨 요일 저녁 몇 시라고 구체적인 예정으로 나타낸다는 것이다.

날짜와 시간을 선택할 것, 그리고 언제나 가지고 다니는 스케줄 수첩에 써넣을 것, 그리고 예정에 집어넣는 것, 그들은 이 세 가지를 항상 실천한다.

정한 날짜에 돌발 상황이 벌어질 수도 있다. 그러나 아예 예정에 넣어두지 않으면 목표가 아무리 시간이 지나도 실제 행동으로 옮겨지지 않는다. 매주 한 번이라는 약속이 슬그머니 2주에 한 번 또는 한 달에 한번으로 바뀌어질 수 있다는 것이다.

지금 결정할 수 없다고 생각하는 것 자체가 하지 않아도 된다고 말하는 것이나 같은 일임을 깨닫고, 우선 계획을 세우고 스케줄 수첩에 예정하고 있는 날짜와 시간을 표시하는 것이다.

따라서 1주일에 한 번씩 화요일 저녁 8시에 영어 강의를 듣기로 했다면 그 시점에서 12월까지의 화요일저녁 8시까지에 '영어강의 듣기' 라고 쓰고 동그라미로 표시한다. 화요일이 여의치 않는 주에는 그 다음 날로 옮기고 그 다음주부터는 화요일에 적고 표시를 한다. 그들은 시간에 확실히 써넣어서 그 날 그 시간에 다른 일은 피하게 되고 예정대로 계획한 일을 하게 된다.

자신과의 약속을 적는다

자기 자신과의 약속에는 반드시 체크 표를 한다.

이번에는 그들 자신과의 약속에 대해서 생각해보자.

만일 그들이 인터넷으로 1주일에 한번 영어공부를 한다는 목표를 세웠다고 하자.

요즘 인터넷을 활용하여 공부하는 사람이 부쩍 늘었다. 각종 자격시험, 외국어 강의 등 인터넷으로 공부할 수 있는 분야도 많이 늘었다. 인터넷이나 온라인 공부에서 가장 어려운 점은 혼자 공부하는 것에 대한 도전이다. 다른 사람에게 보이는 것이나 다른 사람과의 약속이 아니면 자신의 시간을 확보하기가 어려운 경우가 많다.

아무 때나 할 수 있는 일이라고 생각하여 어느 시간에도 계획을 넣어두지 않는다면 '시간이 있을 때 아무 때나 하지 뭐' 하는 안이한 마음이 들기 쉽다. 그리고 대부분의 사람들이 혼자 힘으로 계속적으로 하는 데 어려움을 느낀다. 그러나 억대 연봉자들은 스스로 단단히 계획을 세우고 추진하여 눈으로 확인할 수 있도록 한다. 그래야 학습효과가 오를 뿐 아니라 성취감을 느끼기 때문이다.

이제 그들이 자신에게 약속한 '한 주에 30분씩 인터넷으로 공부하기'에 대해서 자기의 시간을 예약했다고 하자.

당연히 날짜와 시간을 정하는 일부터 시작한다. 만약 매주 금요일 아침 6시에 공부하기로 하기로 결정했다면, 여기서 중요한 것은 결정하고 나서 15분 이내로 스케줄 수첩에 적는 것이다. 이것은 본인에게 스스로 예약하는 것이다. 6월 17일 금요일 오전 6시 인터넷 공부라고 모든 금요일 6시에 적는다. 그리고 그 부분에 물음표(?)를 한다.

자기 자신과의 약속에는 반드시 체크 표시를 한다. 아무래도 상대가 없으므로 취소하기 쉬우므로 체크 박스를 함으로써 실천 여부를 알게 하는 것이다. 만약 실천하지 않았으면 다음 날짜와 시간으로 옮긴다.

이런 방법을 사용하여 그들은 1년 목표는 거뜬히 달성한다.

결정한 것도 수첩에 적는다

생각한다는 무형의 행동을 유형물로 만드는 행위가 곧 성과를 만드는 것이다.

무엇인가 달성하고자 한다면 누구나 우선 결심하고 행동으로 옮겨야 한다. 그 순간부터 자신의 행동이 바뀌어지는 것이다.

억대 연봉자들은 나아갈 방향을 선택하기 위한 시간을 확보하고 싶다면 무엇을 언제까지 결정할지를 먼저 정하고 나서 스케줄 수첩에 그것에 대해서 고민하는 시간까지 적어둔다. 예를 들어서 7월초에 회사를 그만두고 자영업을 할 것인가 아니면 계속 다닐지 또는 직장을 옮길,까 옮긴다면 어디로 옮길까를 결정하려고 한다면 그 안에 대해 집중적으로 생각할 시간 즉 고민하는 시간을 스케줄 수첩에 적어둔다.

예를 들어서 그런 시간을 '미래에 대한 고민하는 시간'이라고 명칭을 지었다고 했을 때 그 고민하는 시간을 수첩에 적는 것이다. 고민하는 시간은 생각이 났을 때 고민해보지 하는 안이한 생각을 하고 있으면 구체적인 결과를 얻을 수가 없기 때문이다.

생각하고 고민한다는 것 자체는 비생산적인 행동이다. 따라서 그들은 생각한 결과 무언가 구체적인 성과가 나도록 시간을 할당하고 행동한다. 생각한다는 무형의 행동을 유형물로 만드는 행위가 곧 성과를 만드는 것이다.

생각하는 행위의 생산성이란 구체적인 결론이 나오기까지 행동을 명확하게 하고 과정을 정할 수 있는가 없는가 하는 것이다. 따라서 생각하는 행위를 할 때는 생각한바를 어떻게 옮길 것인가를 확실하게 하고 스케줄 수첩에 적는 것이다.

10월 1일까지 자신의 진로에 대해서 결론을 내겠다고 했다면 그 결론을 전달할 상사와의 미팅 시간을 오전 9시를 수첩에 적는다. 그리고 그 이전의 시간 중에서 '생각할 시간'을 적어 넣는다. 그리고 퇴사하기로 결심했으면 퇴사하기로 결정한 시간에 '퇴사' 또는 '사표제출'이라고 오전 9시에 적는다.

억대 연봉자들은 결정하고 행동하는 것이 성장과 발전의 기초임을 알고 있다.

예비시간도 수첩에 적어둔다

자기의 인생의 주인은 자기 자신이다.

억대 연봉자들이 스케줄 수첩을 작성할 때 꼼꼼이 작성하는 것은 다른 사람들보다 성격이 꼼꼼해서가 아니라 누구나 갖고 있는 유한한 재산인 24시간을 가치 있게 보내고, 기억력에 의존하지 않고 인생을 즐기고 싶기 때문이다.

분주하다거나 일이 뜻대로 되지 않아 불만을 하는 사람들은 현재 하고 있는 일이나 행동이 기대 사이에 존재하는 차이에서 비롯된다. 그런데 이것은 자기 만족도나 자신감과 관계가 있다.

예를 들어서 '이번 주말에 집안 정리 좀해야지.' 하고 마음 먹었다가 정말로 그대로 되면 기분이 좋아진다. 그러나 특별히 생각하고 있지 않았는데 어쩌다 집안 정리를 하게 되면 '아 집안일 하다가 황금 같은 주말을 다 보내버렸네.' 하는 아쉬움을 느끼게 된다. 같은 시간 같은 일을 했으나 기분은 반대다.

사람은 자신이 무엇을 기대하고 있었는가, 무엇을 하려고 결심했는가, 또는 결심하고 있지 않았는가 하는 것이 행동과의 관계에서 특별한 감정을 갖게 해준다. 억대 연봉자에게 스케줄 수첩이란 그 차이를 메우는 역할을 한다. '하고 싶다'고 생각하는 것을 수첩에 날짜와 시간을 정해 적어 놓는다. 그리고 그대로 행한다. 그리고 만족감을 느낀다.

주말을 보낼 때도 마찬가지다. '이번 주말은 아무 것도 하지 말고 마음 내키는 대로 보내야지.' 하는 생각을 했다면 그런 생각을 수첩 주말 칸에 써넣는다. 그리고 그대로 주말을 아무것도 하지 않고 느긋하게 보낸다. 그런 다음 좋은 기분을 느낀다.

어느 누구에게나 자기의 인생의 주인은 자기 자신이다. 모처럼 긴장을 풀 수 있는 주말인데 월요일 아침에 '이번 주말은 망쳤네,' 또는 '게으름이나 피었네.' 하고 자신을 탓한다면 그것은 어리석은 짓이다. 억대 연봉자들은 자신을 창조하기 위해 스케줄 수첩을 활용한다.

방문자의 예정도
적어서 시간을 만든다

시간을 묶음으로써 자신의 시간을
확보한다.

억대 연봉자들은 아침에 회사에 도착하면 가장 먼저 스케줄 수첩을 펼친다. 그리고 근무 중에 줄곧 곁에 둔다. 요즘 많은 사람들이 그렇듯 억대 연봉자들도 대부분의 업무에 컴퓨터를 이용한다. 회사 사무실에 출근하여 책상 앞에 앉으면 컴퓨터를 켜고 스케줄 수첩을 하루 종일 키보드 옆에 종일 펴놓는다. 자신이 지금 하고 있는 일이 예정대로 진행되고 있고, 다음에는 몇 시에 무엇을 하도록 되어있는지, 그때그때 수첩에 눈길을 주고 일의 속도를 확인하면서 성과로 결부시켜 간다.

억대 연봉자들은 일하는 도중에 B사의 스미스씨가 7월 17일 오후 2시에 방문하겠다는 약속이 잡혔다고 하면, 잠시 손길을 멈추고 7월 17일의 페이지를 편 다음 13시부분에 동그라미를 그리고 'B사의 스미스 씨의 방문'이라고 적는다.

이 때 억대 연봉자들은 반드시 시작과 끝을 표기한다. 많은 사람들은 '스미스 씨 방문' 이라고 적지만, 억대 연봉자들은 60분 동안 약속된 시간이라면 13시부터 14시부분까지 'B사의 스미스 씨 방문' 이라고 쓰고 13시와 14시 부분에 괘선을 덧그린 다음 화살표로 이어 그 시간을 묶음으로써 자신의 시간을 확보하는 것이다.

🔸 잠깐! 비즈니스 영어상식 13

이메일이나 서한의 맺는 말

그 동안 몸조심하세요.
Meanwhile, please take care of yourself.
In the meanwhile, please take good care of yourself.

만사가 형통하기를 바랍니다.
Hope all is well with you.
I wish you well.

이동시간도 적는다

소요되는 시간을 고려하여 출발시점인 오후 2시일 경우 스케줄 수첩에 14시 칸에 out이라고 적는다.

억대 연봉자들은 회사로 자신을 방문하는 손님이 있을 경우에는 그 시간만 비워두면 되지만 자신이 방문할 경우에는 이동시간도 여유 있게 적어둔다.

방문하기로 한 회사가 어디에 있으며 그 회사까지 소요되는 시간도 안 다음, 소요되는 시간을 고려하여 출발시점인 오후 2시일 경우 스케줄 수첩에 14시 칸에 out이라고 적는다.

또한 회담 소요시간과 돌아오는 시간을 감안하여 그 시간에 표시한다. 즉 회담이 1시간이고 소요되는 시간도 1시간 정도라면 15시 칸에 return이라고 적는다.

이렇게 함으로써 그들은 누가 오후에 시간을 내달라고 요청할 때, 이동시간이 어느 정도 걸릴지 등을 따져보느라 시간을 끌지 않고 수첩을 한 번 훑어보면 회사에 돌아오는 시간을 금방 알 수 있어 즉시 대답하게 한다.

고속철도나 비행기로 출장을 갈 때에도 수첩에 회사를 나서는 시각, 돌아오는 시각을 분명하게 적음으로써 사전에 시간을 관리한다.

오늘 날 뉴욕에서 L.A.로 출장 갈 경우 이용하는 교통수단에 따라 소요되는 시간이 달라진다. 또 같은 L.A.라도 공항에서 가까운 지역과 공항에서 다시 자동차로 가야할 경우와 소요되는 시간이 달라지며 오전 중에 끝낼 출장인지 아니면 하루 종일 소요되는 것인지가 정해진다.

뭐 이 정도까지 상세하게 적어야 되느냐고 반문하는 독자도 있겠지만 억대 연봉자들은 거의가 이렇게 철저하게 시간관리를 하는 것이다.

MEMO

확정되지 않은 일도 적는다

억대 연봉자들은 약속을 정하기 위해 상대방에게 시간이 있다고 말할 때, 그 자리에서 스케줄 수첩의 오른쪽에 물음표를 달아 기록한다.

예를 들어서 억대 연봉자가 이런 메일을 받았다고 하자.

'다음 주 15일이나 16일경 점심 약속이 없으시면 L.A. 중국 타운에서 점심 식사를 했으면 합니다. 괜찮으시면 함께 식사라도 했으면 좋겠습니다.'

이 메일을 받는 순간 억대 연봉자는 스케줄 수첩을 뒤져 그 날짜와 그 시간에 약속된 것이 있는가를 살펴본 후 없을 때는 그 자리에 '스미스 씨와 점심약속'이라고 적는다. 그리고 곧 답장을 보낸다.

'정말 반갑습니다. 15일에는 선약이 있으므로 16일에 저의 사무실로 오시겠습니까?'

상대가 15일과 16일 중에서 선택하도록 했으므로 신속하게 답장을 써야 한다. 그리고 대화의 신속성을 높이기 위하여 억대 연봉자가 구체적인 시간을 제안 한 것이다. 막연하게 '15일이 좋습니다.' 하지 않고 구체적인 시간을 자신이 제안하는 것이 유리하기 때문이다.

이때 스케줄 수첩에 기록하는 것에도 억대 연봉자의 특별한 노하우를 발휘한다. 즉 확정된 것이 아니기 때문에 오른 쪽으로 좀 비켜나서 적는 것이다. 눈에 빨리 들어오게 하기 위해서이다. 또한 '스미스 씨와 점심약속' 하고 쓴 자리에 물음표(?)를 달아 놓는다. 이것은 미정이라는 표시다.

아무튼 약속을 정하기 위해 상대방에게 시간이 있다고 말할 때, 그 자리에서 스케줄 수첩의 오른쪽에 물음표를 달아 기록한다.

스케줄 수첩은 하루 24시간이며 그의 모든 행동이다.

오늘의 스케줄

• PM

• AM

해야 할 일 앞에는 체크를 한다

억대 연봉자들은 먼저 해야 할 일 앞에 물음표(?)를 체크 박스로 활용
한다.

억대 연봉자들은 성공한 사람이며, 성공한 사람은 신뢰
할 수 있는 사람이며, 일 잘 하는 사람이다. 일 잘 하는 사람
은 약속을 잘 지키는 사람임에 틀림없다.

약속을 잘 지키려면 머릿속에 그려진 것이나 상대방에게
하겠다고 대답한 부분을 정확하게 시간을 지켜 해나가는 것
이 유일한 방법이다.

그렇기 위해서 먼저 해야 할 일 앞에 물음표(?)를 체크 박
스로 활용한다.

해야 할일을 메모하는 것은 누구나 가능할 것이다. 그러
나 그 일이 끝났는지 아직 진행 중인지를 알 수 있도록 만드
는 일은 아무나 가능한 일이 아니다. 그것을 아는 것은 곧
그 사람의 행동 계획과 의욕을 유지하는데 영향을 미친다.
그러므로 해야 할 일 앞에 물음표(?)를 그려두었다가 끝내

고 나서 물음표(?) 표시를 하며 하나하나 체크해 나간다.

하루의 일과가 끝났을 때 물음표(?) 안에 물음표(?) 표시가 없는 것이 있다면 다음 날이나 적합한 날로 옮겨 적는다. 이 방법을 이용하기 때문에 그들은 물음표(?) 표를 달아 리스트 한 것은 반드시 실천하고 있는 것이다.

파트타임으로 일하든지 출퇴근 시간이 자유로운 사람이든지 회의를 하고 있을 때를 제외한 시간이 그들 자신의 일에 집중하며 능력을 발휘하는 시간인 것이다. 그런 시간이야말로 그들에게 자신의 힘으로 얼마든지 생산성을 높일 수 있는 것이다. 따라서 그들은 손님 방문이나 회의 사이의 시간을 능률적으로 계획하고 재단하는 것이다.

MEMO

월일정표

월 일 정 표

20 년 월

SUN	MON	TUE	WED
4	5	6	7
11	12	13	14
18	19	20	21
25	26	27	28

월일정표

20 년 월

THU	FRI	SAT
1	2	3
8	9	10
15	16	17
22	23	24
29	30	31

4

SUN	MON	TUE	WED	THU	FRI	SAT
				1	2	3
4	5	6	7	8	9	10
11	12	13	14	15	16	17
18	19	20	21	22	23	24
25	26	27	28	29	30	

월간 목표 세우기

20   년 4월
주요 업무 리스트

개 인		직 업

월간 목표		월간 목표

월간 목표 세우기

20   년 4월
주요 업무 리스트

	개 인			직 업

	월간 목표			월간 목표

월간 목표 세우기

20　　년　　월 찾아보기

날 짜	이 달에 기록한 중요한 아이디어, 생각, 사건 등의 찾아보기

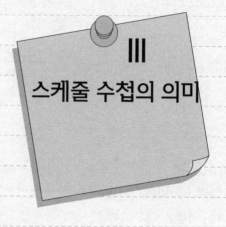

III
스케줄 수첩의 의미

시간은 그 속에서 우리들이 배우는 학교이며,
시간은, 그 속에서 우리들이 타 버리는 불꽃이다.

D.시워츠

두뇌의 메모장이다

효율적으로 시간을 관리하기 위해서 각각의 시간대에서 해야 할일을
리스트에 올리고 한 권의 스케줄 수첩에 빠짐없이 적는다.

우리들은 바쁘게 생활하다가 보면 '아, 이것을 했어야 되
는데.' 하면서 잊어버리고 하지 못한 것에 대해서 아쉬워한
다. 이것은 그때그때 메모해 두지 않았기 때문에 쉽게 벌어
지는 현상이다. 그리고 어디에 메모해두었다고 하더라도 가
까이 있는 아무 종이에다가 휘갈겨 써놓았을 경우 나중에
생각났을 때 그것을 찾지 못하는 경우가 허다하다.

그런데 억대 연봉자들은 무엇이든지 생각나는 순간 그것
을 실행할 날짜와 시간을 정한 다음 스케줄 수첩에 적어 놓
는 것이다. 이것은 따지고 보면 결정을 내리려는 훈련이라
고도 할 수 있다.

'맞아, 미스터 스미스에게 전화로 부탁을 한다는 것을 깜
박 잊었구나.'

이런 생각이 떠오르면 그 즉시 스케줄 수첩의 다음 전화

하려고 생각한 시간대에 '스미스 전화'라고 적고 그 옆에 물음표(?)를 해놓는다.

억대 연봉자들은 머리가 나빠서 스케줄 수첩에 적는 것은 아니다. 그들은 효율적으로 시간을 관리하기 위해서 각각의 시간대에서 해야 할일을 리스트에 올리고 한 권의 스케줄 수첩에 빠짐없이 적는 것이다.

아이디어를 적거나 생각을 정리할 때 다른 종이에 대충 종합적인 청사진을 그리는 수가 있는데, 그것은 종합적 입체적으로 생각하는 과정에서 일시적으로 다른 용지가 필요할 뿐, 중요한 것은 거기에서 나오는 결론을 자신의 행동계획에 집어넣는 것이다.

이 단계에서 제대로 해두지 않으면 생각한 시간은 헛된 것이 되고 만다. 따라서 머릿속에서 무엇인가를 생각하고 결론지을 때 무엇을 누가 언제까지 할지를 명확하게 하여 생각과 구체적인 행동, 입장을 하나로 결합시키는 습관이 들어있다.

생각하는 시간을 줄이도록 해주는 도구이다

특별히 하는 일도 없이 바쁘다는 느낌이 드는 것은 생각하는 것에 많은 시간을 허비하는 것이다.

우리는 제대로 의식하지 못하고 있지만 많은 시간을 '생각하는' 행위에 빼앗기고 있다. 특별히 하는 일도 없이 바쁘다는 느낌이 드는 것은 생각하는 것에 많은 시간을 허비하는 것이며, 똑같은 것을 되풀이해서 생각하기 때문이다.

'어떻게 해야지?' '누구와 상의할까?' 등 머릿속에는 많은 것들이 들어있으나 정리가 되어있지 않거나 정리가 되어있어도 기록하지 않았으므로 같은 생각을 되풀이해서 하게 되고 그로 인하여 시간을 낭비하게 된다.

억대 연봉자들이 스케줄 수첩을 통해서 생각하는 시간을 줄이는 법을 보자.

예를 들어서 20일 오후 3시에 스미스를 방문하기로 하고 19일 10시에 전화를 걸었는데 외출중이었다. 그러면 억대 연봉자들은 '그럼 11시에 다시 전화하겠다고 전해주십시

오.'하고 전화를 끊고는 그 자리에서 수첩 11시 칸에 '스미스에게 다시 전화'라고 적는다. 그리고는 수첩을 보고 11시에 다시 전화를 한다.

수첩에 적을 때 '스미스 씨에게 전화'라고만 적지 않는다. 그러면 생각하는 시간이 반밖에 절약되지 않기 때문이다. 같은 것을 두 번 생각하지 않아야하므로 지금 머릿속에 떠오르는 것을 그대로 적는다. 즉 '11시에 스미스에게 전화 → 내일 방문 Ok?'라고 적는다. 그리고 방문지의 전화번호까지 적어놓음으로써 그 건에 대해서는 더 이상 생각하지 않게 된다.

MEMO
_____
_____
_____
_____

스케줄수첩은 행동의 전부다

스케줄 수첩은 그들 행동의
전부여야 한다.

누구를 만날 약속이 많지 않다는 이유로 비즈니스맨들 중에 스케줄 수첩이 없는 사람이 많다. 그런 사람은 스케줄 수첩이 필요 없다고 말한다. 그런데 그들이 생각하는 스케줄 수첩이란 고작 '00시에 브라운 양 만남' 정도만 적는 것으로 착각하고 있다.

이런 용도로만 수첩을 사용하고 있는 사람에게 그 밖의 시간은 어떻게 지내고 있느냐고 묻는다면 그가 무엇이라고 대답할까?

수첩에 아무것도 씌어있지 않는 시간에 분명 우선순위로 해야 할 일을 하고 있지는 않을 것이다. 또 수첩에 아무 것도 씌여 있지 않은 시간에 한 일에 대해서 기억하지 못할 것이다. 그렇다면 결론적으로 그들은 시간을 효율적으로 보냈다고 말할 수 없을 것이다.

그러나 억대 연봉자들은 생각을 달리한다. 그들이 생각하는 스케줄 수첩이란 자신이 소유한 모든 시간을 눈에 보이게 만드는 상태, 즉 스케줄 수첩은 그들 행동의 전부이다.

그들은 그들이 해야 하는 것, 하고 싶은 것, 생각하고 있는 것을 빠짐없이 써가기 때문에 스케줄 수첩은 당연히 그들 인생을 만드는 '시간'이라는 요소 하나하나의 단위이고, 그들이 취할 행동을 기록해 놓은 행동 계획표 그 자체인 것이다.

억대 연봉자에게 있어서 스케줄 수첩은 인생 계획을 세우기 위한 날짜, 시간, 눈금이 있는 메모 용지인 것이다.

MEMO
- -
- -
- -
- -

중간목표 우선순위

중간목표 우선순위

목표설정

가치/사명/역할 (왜?) :

목표 (무엇을?/언제까지?) :

순서	중간단계(어떻게?)	기한

미래계획

20　년　월

날짜	1월	날짜	7월
날짜	2월	날짜	8월
날짜	3월		
날짜	4월		
날짜	5월		
날짜	6월		

20　년　월

SUN	MON	TUE	WED
4	5	6	7
11	12	13	14
18	19	20	21
25	26	27	28

ABC 우선순위

3
월요일
20 년   월

SUN	MON	TUE	WED	THU	FRI	SAT
				1	2	3
4	5	6	7	8	9	10
11	12	13	14	15	16	17
18	19	20	21	22	23	24
25	26	27	28	29	30	

∨ 완료(Completed)
← 연기(Forward)
× 취소(Deleted)
▽ 위임(Delegated)
● 진행중(In Process)

ABC   오늘의 우선업무

일 일 지 출

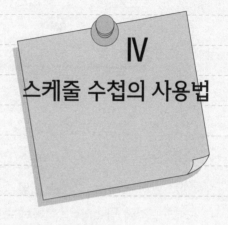

IV
스케줄 수첩의 사용법

시간은 우리의 종말을 계획하는 큰 회합이다. 청년기는
다만 한 다리를 앞으로 내딛는 과거에 지나지 않는다.

D. 반즈

항상 갖고 다닌다

급한 대로 종이에 메모했다가 나중에 수첩에 기록하는 것은 시간을
이중으로 사용하는 것이므로 비효율적이다.

스케줄 수첩은 자신이 갖고 있는 시간을 눈으로 볼 수 있
는 상태로 만든 것이며, 그것을 어떻게 사용하는가 하는 것
은 자신의 능력에 달려있다. 이제까지 언급했듯이 억대 연
봉자에게 스케줄 수첩은 일상에서 벌어지는 일이나 약속을
적어가거나 머리에 스치는 것도 행동 계획으로 기록하는 것
이므로 그들은 어디에 가든지 그것을 가지고 다닌다.

급한 대로 종이에 메모했다가 나중에 수첩에 기록하는
것은 시간을 이중으로 사용하는 것이므로 비효율적이다.

회사에서 회의가 있다고 하자. 그들은 반드시 수첩을 가
지고 가서 회의에서 중요한 사안을 결정했거나 자신에게 내
려진 명령을 그 즉시 수첩에 적는다.

"셔먼 씨, 7월 14일까지 조사해서 보고해주세요." 하면
그들은 그 즉시 수첩의 7월14일 지정된 시간에 '조사보고

서 제출'이라고 적는다.

'집에 돌아가서 옮겨야지', '나중에 정리해야지' 하고 미루다가 보면 잊어버릴 수도 있고, 연간 계획표 같은 것을 다시 찾아 봐야 하게 되고 시간 면에서 비효율적이다.

연간 계획표에서 다음 해의 일정에 대해서는 다음 해의 수첩을 가지고 있지 않으니 적지 않아도 무방하리라고 생각하지만, 그 보다는 12월 마지막 주에 '내년 2월 00행사'라고 적어둔다.

친구가 집으로 놀러 오기로 했을 때도 시간을 적어둔다. 주말이라고 긴장을 늦추고 수첩에 기록하지 않으면 아이와 어디로 가기로 약속했다거나 결혼식에 참석하기로 하는 등의 돌발 사태가 일어날 수도 있다. 그러나 하나의 수첩에 모두 적혀 있으면 약속을 이중으로 해서 난처해지는 일이 없으며 집안 행사나 업무 관계 일 등 한곳에서 쉽게 관리할 수 있기 때문이다.

일이든 사생활이든 그들 자신에게서 일어나는 것은 모두 자신의 것이다. 자신이라는 한 사람이 다양한 장소에서 다양한 일을 하고 있다. 그러므로 자신이 약속을 하고 행동을 제공해 가는 장소를 하나로 만든다. 억대 연봉자들은 스케줄 수첩에 모든 것을 적어둔다. 그리고 이 모든 것을 적기 위해 항상 가지고 다닌다.

스케줄 수첩을 이용해서
신뢰를 얻는다

신뢰를 받는 방법은 스스로 약속을 만들고 스스로 약속을 지키는 것이다.

인간관계에서 무엇보다도 중요한 것은 신뢰이다. 신뢰를 얻을 때 무슨 일이든지 가능하다.

그러면 신뢰는 어떻게 해야 얻을 수 있을 까? 두말할 것도 없이 인간관계에서 약속의 철저한 이행이 신뢰의 조건임에는 분명하다.

인간관계에서 약속을 지킴으로써 신뢰를 얻는 것은 누구나 다 아는 사실인데, 억대 연봉자들은 그 약속을 스케줄 수첩을 통해서 지키고 신뢰를 얻는다.

비즈니스 우먼으로 통하는 한 여성을 통해서 신뢰를 얻는 방법을 알아보자.

그녀가 처음 대기업의 영업 파트로 전근을 왔을 때 '남자들도 어려운 일을 여성이 어떻게 할 수 있느냐' 하는 편견 때문에 주위의 직원들은 모두 냉소적이었다.

지금부터 10년 전에는 영업파트에 여성이라고는 찾아보기 힘들었다. 그녀가 거래처를 찾아보고 전화를 걸어보고 나서 더욱 힘들다는 것을 느꼈다.

　물건을 팔든 선전을 하든 상대방이 신뢰를 하고 만나주어야 가능한 일인데 만나기가 힘들었고, 만나 주더라도 여성이라고 우습게보고 제대로 상대를 해주지 않았다. 그녀는 곰곰이 생각했다. 그리고 결론을 내렸다.

　'스스로 약속을 만들고 그 약속을 지키다.'

　스스로 약속을 만드는 것은 곧 앞으로 자신이 무엇을 하겠다는 것을 선언하는 것이었다.

　그녀는 거래처에 전화를 걸었다. 바쁘다고 만나주지를 않았다. 그녀는 그런 사람에게 스스로 약속을 했다.

　"네, 알겠습니다. 그럼 내일 오후 3시에 다시 전화를 걸겠습니다."

　그리고는 그 다음 날 1초도 틀리지 않는 정각 3시에 다시 전화를 걸었다.

　"어제 약속한 모 기업의 조이 브라운 양입니다."

　여기서 중요한 것은 그녀는 이름을 밝히는 것으로 끝나지 않았다는 점이다.

　"어제 약속드린 대로 했습니다."

　그러면 상대방은 시계를 보게 된다. 그러면서 오늘은 좀

바빠서 하고 끊으려 하면 "네, 알겠습니다. 내일 오전 10시에 다시 전화를 드리겠습니다."하고 전화를 끊고는 그 다음 날 또 정각 10시에 전화를 건다.

이렇게 전화가 거듭되면서 상대방은 그녀를 차츰 신뢰하게 되었다. 말하는 것을 꼭 지키는 것을 보니 믿어도 좋겠다는 쪽으로 방향을 바꾼 것이다.

여기서 중요한 것은 스케줄 수첩이다. 그녀는 내일 몇 시에 전화하겠다고 약속 동시에 자신의 수첩에 '○○거래처 전화'라고 기록하는 것이다.

자신이 말한 것, 약속한 것을 그 자리에서 자신의 수첩에 적는 것은 약속을 지키기 위한 손쉬운 방법이다.

신뢰를 받는 방법은 스스로 약속을 만들고 스스로 약속을 지키는 것임을 그녀는 보여주었다.

수첩을 통하여 약속을 잡는다

상대방이 망설이고 생각할 시간을 가급적 적게
주기 위해 구체적인 시간 선택을 제시한다.

영업 사원일 경우 하루에 가급적 많은 거래처와 사람들
을 만나야 한다. 시간은 제한 되어있고 또 상대방이 당신 뜻
대로 만나주지 않는 경우가 있고, 약속을 해놓고 만나주지
않아 귀중한 시간을 낭비하는 경우도 허다하다. 이 때 스케
줄 수첩의 활용의 위력이 나타나는 것이다.

만일 억대 연봉자가 내일 4개 회사를 방문하기로 했을
때 시간을 어떻게 할당하느냐가 문제가 된다. 영업상 전화
를 걸어 "다음주 언제라도 좋습니다."라고 하면 상대방은
아무 때나 좋다는 메시지로 해석하고 구체적인 날짜를 제시
하지 않는다. 또한 저쪽이 약속시간의 선택지를 둘 이상 알
려주었는데, 억대 연봉자가 아무런 시간 계획을 갖고 있지
않으면 조정을 거치지 않고 저쪽의 의견을 일방적으로 받아
드려야 하는 상황이 된다. 그러면 상대방은 모든 것이 자신

의 의도대로 되었다는 것만으로 상당히 우위에 선 듯한 기분을 갖게 된다.

그러므로 한 달에 60명을 만나 한 시간씩 설명을 할 경우에도 다음 페이지의 그림처럼 사전에 그들이 만나고 싶은 시간을 정해둔다.

그리고 전화를 걸어 약속시간을 물어볼 때 "가까운 시일 내에 뵐 수 있을까요?" 하는 식으로 하지 않고 "다음 주 목요일이 어떻습니까?" 하고 물어본다. 그러면 그 시간에 선약이 있는지 알아본 다음에 가부를 말한다.

상대방이 만나주겠다고 하는데도 그들이 구체적인 시간을 제시하지 못하고 막연히 아무 때나 좋다고 하는 식의 대답을 할 경우, 약속 시간의 선택 폭을 좁히기 위해 대화를 나누는 시간이 걸려 귀찮아 '이 영업자는 한심하다.' 는 평을 상대로부터 듣게 될 것이다.

상대방이 망설이고 생각할 시간을 가급적 적게 주기 위해 구체적인 시간 선택을 제시하는 사람이 억대 연봉자들이다.

일일페이지 활용

일일페이지 활용

3
월요일

20 년   월
오늘의 기록사항

고정시간과 비고정시간 업무

3

월요일
2010년 4월

	SUN	MON	TUE	WED	THU	FRI	SAT
					1	2	3
	4	5	6	7	8	9	10
	11	12	13	14	15	16	17
	18	19	20	21	22	23	24
	25	26	27	28	29	30	

∨ 완료(Completed)
— 연기(Forward)
× 취소(Deleted)
▽ 위임(Delegated)
● 진행중(In Process)

ABC 오늘의 우선업무

일 일 지 출

AM

7

8

9

10

11

12

1

2

3

4

5

6

7

8

PM

미팅 플래너

예정일자	
미팅제목	
목적	
기대성과	
장소	

미팅방법		미팅유형	
퍼실리데이터		기록	
책임자		시간기록자	

예정된 시간			실제 소요된 시간		미팅 비용
시작	종료	총소요시간	시작	종료	총소요시간

참가자		시간당 비용	총비용

토의 내용		번호

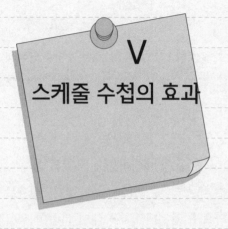

V
스케줄 수첩의 효과

시간은 지나가 버린 바로 그 그림자이다.

솔로몬의 지혜

바쁘다는 느낌이 없이 생활한다

자신의 힘으로 그 분주함을 개선할 수 있는 방법을 모르는 경우도 많다.

　누구든지 생활하면서 특별히 하는 일도 없는데 "왠지 매일 바쁘다."는 말을 자주 한다. 실제로 별다른 일이 없고, 약속도 없는데도 허둥대며 분주한 생활을 할 때가 많다. 그런데 누가 "왜 그렇게 바쁘냐?"고 물으면 대답할 말도 없다.

　무슨 일이든지 시간을 재면서 하지 않으면 끝이 없다. 시간을 무한정 쏟아 부으면 누구나 일을 잘 할 수 있다. 따라서 "오늘은 OO하느라 바빴어."하고 말하는 사람 가운데 일을 잘 해서 억대 연봉을 받는 사람은 드물다.

　사실 바쁘게 움직이는 사람들은 자기가 바쁜 이유를 모르는 경우가 많다. 자신의 힘으로 그 분주함을 개선할 수 있는 방법을 모르는 경우도 많다.

　일을 잘해서 억대 연봉을 받는 사람은 매사를 분명하게

매듭지어 가는 사람이다. 억대 연봉을 받는 사람일수록 관여하고 있는 프로젝트가 여러 가지인데도 그것들을 원활하게 진행할 수 있는 것은 하나 하나 끝내가는 성과 즉, 연결시키는 능력이 있기 때문이다.

이와 반대로 현재 딱 끄집어서 내세울만한 일이 없으면서 매일 바쁘다고 느끼는 사람은 자신의 시간관리에 문제가 있다는 것을 깨닫고 지금부터 스케줄 수첩을 활용하는 것이 좋다.

어쩐지 바쁘다는 느낌은 무엇이 문제일까? 문제는 '바쁘다' 는 것이 아니라 '이유도 모르게 바쁘다' 는 것이다. 그러므로 시간을 명확하게 눈에 보이는 상태, 즉 스케줄 수첩을 만들어 사용하는 것만으로 순식간에 그런 문제를 해결할 수 있을 것이다.

억대 연봉자들은 시간을 정하고 할 일을 정하여 성과를 이루어 낸다. 이것을 반복하는 과정에 특별한 이유 없이 바쁘다는 느낌도 사라지고 시간을 효과적으로 사용하여 능력의 극대화를 이루고 있는 것이다.

똑같은 상황도
시간관리에 따라 달라진다

자신에게 맞을지 오랜 시간 재고 생각하지 않고 먼저 눈앞에 일에 전
력을 다한다.

우리 주위에 "내가 무얼 하고 싶은지 모른다."라고 말하
는 사람들이 많다. 사실 자신의 주위에 있는 사람들을 험담
하거나 자신이 처한 상황을 불평하는 사람들은 시간이 많은
사람들이다.

예를 들어서 회사의 입사시험에서 ' 합격하면 영업직과
관리직 중 어느 직을 택하겠느냐' 고 물으면 '어느 쪽으로
할까' 하고 고민하는 사람은 여유가 있는 사람이다. 생각하
고 선택할 기회가 있다는 것은 생활에 여유가 있다는 뜻이
아니겠는가.

만일 그 자리를 지금 바로 선택하지 않으면 다른 사람에게
넘어간다고 한다면 우선 일을 맡은 다음에 선택할 것이다.

억대 연봉자들은 자신에게 맞을지 오랜 시간동안 생각하
지 않고 먼저 눈앞에 일에 전력을 다하면서 나중에 생각한

다. 그들은 눈앞에 주어진 일을 좋아한다. 그 일에 맞지 않더라도 주위에 경험이 풍부한 사람이 있으면 그에게 2~3년을 배운다. 사람들에게 좋은 평가를 받으며 일을 해오는 선배들로부터 배우는 것이다.

어느 억대 연봉자는 이렇게 말했다.

"처음에 이 일을 맡았을 때 전부 모르는 것이었다. 그래서 선배가 하는 대로 3년 동안 따라 해보았다. 그랬더니 지금은 뭔가 좀 알 것 같다."

억대 연봉자들은 생각이 없었고, 마음이 내키지 않았지만 주어진 일에 온 힘을 기울인다.

억대 연봉자들은 처음에 주어진 상황에 그것이 자신이 원치 않은 것일지라도 맡은 일에 감사하게 생각하고 최선을 다한다. 그리하여 나중에는 억대 연봉자의 대열에 합류한다.

이와 반대로 처음부터 자신이 택한 길이 아니라고 해서 불만 불평하는 사람은 중도에 포기하고 다른 길을 택한다. 그러나 거기에서도 만족을 느끼지 못하여 전적을 되풀이하다가 억대 연봉자의 대열에 합류하기는 커녕 인생 낙오자가 되고 만다.

똑같은 상황에서도 받아들이는 방법에 따라 그 사람의 행동 즉 성공으로의 길이 달라지는 것이다.

인생을 즐기면서 산다

모든 일에 의미를 부여한다. 실패라는 꼬리표가 담긴 상자는 없다.

시간을 즐긴다는 것은 인생을 즐긴다는 것이다. 일을 즐기다는 것은 일을 하면서 만족감을 얻는다는 뜻이다. 따라서 성공을 했다는 말도 자신이 계획했던 일이 자기 뜻대로 되었다는 것을 의미한다.

성공한 일본의 유명한 한 기업인은 이렇게 말했다.

"성공한 사람이란 성공할 때까지 계속한 사람이고, 성공하지 못한 사람이란 성공하기 전에 그 일을 포기한 사람이다."

이것은 성공 여부는 그 사람의 사고방식과 행동에 달려 있다는 말이다.

억대 연봉자들도 인생이 순조로웠던 것은 아니다. 그들도 자신의 뜻대로 되지 않았던 일도 수 없이 많을 것이다. 또한 앞으로 좀더 나은 방향으로 나가고 싶은 일들도 수 없이 많을 것이다.

억대 연봉자들은 현재 맡고 있는 다양한 과제들을 프로젝트로 만들어 정리하고 분류하여 각 상자에 담는다.

이미 계획이 잘 짜여져 진행 중인 프로젝트는 부하 직원에게 맡기고 정기적으로 보고를 받거나 확인만 하면 되는 프로젝트가 담긴 상자에 넣는다. 아이디어 단계에 있는 프로젝트는 방향을 잡아 가는 프로젝트 상자에 넣는다. 마지막으로 어쩐지 전망이 확실하게 눈에 보이지 않는 프로젝트는 조금 미루기로 한 프로젝트가 담긴 상자에 넣는다.

억대 연봉자는 모든 일에 의미를 부여한다. 실패라는 꼬리표가 담긴 상자는 없다. 그는 원하는 대로 진행 되지 않는다고 실패작이라고 부르지 않는다. 그는 모두 가능성 있는 것으로 바라본다.

그는 자신의 인생을 얼마나 적극적으로 추진해나갈 수 있는가는 자신이 얼마나 시간을 효율적으로 사용하느냐에 달려있다고 생각한다. 그는 자기 자신이 가진 24시간이라는 아주 소중한 보물을 앞으로 더 성공하기 위한 기초 원료로 사용하고 있다.

그러기 위해서 하찮은 일이라도 수첩에 적어 놓고 확인한다. 스케줄 수첩에 씌여있지 않으면 영원히 잊어버리기 때문이다.

고객정보카드

고객정보카드

고객정보카드

성명 _____   관계 _____
주민등록번호 _____   전화/직장 _____
소속 _____   자택 _____
주소 _____   팩스 _____
                                    기타 _____

Date	Follow-up	Notes

고객정보카드

고객정보카드

이름_____   주제 _____

조직   _____   전화/직장_____

주소_____   자택 _____

_____   팩스 _____

     기타 _____

일자	확인	노트

프로젝트 팀 업무할당

프로젝트 제목																										
프로젝트관리자																										
시작일자	목표일자												실제종료일자													

프로젝트 팀 업무할당

팀원 ▲

목표일자

실제종료일자

총시간 ▲

기획 · 아이디어를 위한
메모 노트

기획에 대한 메모와 작성요령

20 년   월   일(요일) 날씨

• 신규사업내용:

• 제안:

• 각종 조사:

• 기타 기획사항:

• 작성요령
① 기획서가 아니므로 각종 조사 란에는 기획에 대한 조사한 내용 중 요점을 메모한다.
② 제안은 요점을 메모한다.
③ 기타 기획란에는 신규사업 외의 부대적인 기획안을 메모한다.

신상품 판매상황 메모와 작성요령

20 년 월 일(요일) AM(PM) 시

• 조 사 자 : _____
• 신 상 품 명 : _____
• 예상판매량 : _____
• 실제판매량 : _____
• 판매 부진이유 : _____

_____

_____

• 비 고 : _____

_____

_____

• 판 정 : _____

_____

_____

• 작성요령

① 판매부진 이유는 구체적으로 요약해서 메모한다.

② 판정란에는 상사나 경영자의 신상품에 대한 판정을 메모한다.

새사업 아이디어 메모와 작성요령

- 제안자:
- 소 속:
- 사업의 명칭 및 업종 형태: _____

- 제안 이유 또는 동기: _____

- 현재 진행중인 사업과의 연계성: _____

- 결정 내용: _____

- **작성요령**
① 제안자 회사 외부인이라면 회사와의 관련성에 대해서 메모한다.
② 결정내용에서는 아이디어의 현실화 가능성이나 시장성에 대해서 조사를 명령했을 경우에 대해서 메모한다.

기안서 작성을 위한 메모와 작성요령

- 처리기한: 20   년 월 ~ 월 일
- 기안일자: 20   년 월 일
- 시행일자: 20   년 월 일

- 협조사유: _____
- 제목; _____
- 내용: _____
  _____
  _____
  _____
  _____

- 결과: _____
  _____
  _____
  _____
  _____

- 작성요령
① 기안서가 아니고 기안서 작성을 위한 메모이므로 가급적 요약해서
   메모한다.
② 기안서 작성 시 참조 및 기획이므로 요점만 메모한다.

메모의 기술 7

1.주변 사람들의 신상에 대해서 메모한다.
한자 문구나 병풍문구 중 좋은글이 있으면 메모한다.

2.개선을 위해 메모를 활용한다.
자신의 하루 일과 중 잘못된 것이 있었으면 메모해두었다
가 반성의 기회로 삼는다

3.나무를 그리듯 메모한다.
강의내용을 나무를 그리듯 하나씩 구성해서 요점을 메모
한다

스케줄 수첩과 메모의 기술이 당신의 꿈을 이루게 한다.

　이 세상에는 '늘 분주해 보이는 것 같지만 일을 해 놓은 것이나 성과가 별로 없고' '바쁜 것 같아 보이지만 즐거워 보이지 않는' 사람들이 참으로 많다. 이들은 한 마디로 말해서 자기 자신은 일을 너무 많이 하고 있다고 생각하지만 생산성이 오르지 않아 좋은 평가를 받지 못하거나 성과가 없는 사람들이다.

　일을 잘 하는 사람은 모두 시간관리가 뛰어난 사람들이다. 시간관리가 뛰어난 사람들은 거의가 지갑은 없어도 스케줄 수첩은 있고, 중요한 일이 있으면 반드시 메모하는 메모광이다.

　삼성그룹을 창업한 고 이병철 씨의 장녀인 신세계 백화점 이 회장은 그의 아버지를 회고하는 글에서 고 이병철 씨는 지독한 메모광이었다고 한다. 이병철 씨는 무슨 일만 있으면 메모를 하고 하루의 일정을 수첩에 기록된 스케줄에 따라서 움직였다고 한다.

그 뿐만 아니라 김대중 전 대통령도 지독한 메모광이었으며, 각양각색의 색연필로 스케줄을 표시해둔 그의 수첩은 세간에 화제가 되기도 했다.

이들 뿐만이 아니라 성공한 사회 인사나 억대 연봉을 받는 CEO들 모두 수첩에 스케줄은 물론 중요한 일들을 메모해 놓고 그 수첩에 따라서 움직였던 것이다. 그런 치밀함이 있었기에 하루 24시간이 아닌 25시간을 움직일 수 있었다.

메모지와 스케줄 수첩은 꿈을 실현하는 도구이다. 왜냐하면 메모와 스케줄 수첩이라는 도구를 매일 제대로 사용하면 누구나 자신의 꿈을 실현할 수 있기 때문이다.

우리는 하루에도 수많은 사람들을 만나고 일을 한다. 그 중에는 반드시 기억해 놓아야 할 사람과, 일이 있는가 하면 그렇지 않은 사건도 있다. 그래서 중요한 일과 사건들을 기억하고 필요한 때 효과적으로 활용할 수 있도록 하기 위해서 메모의 기술이 요구되는 것이다.

본서는 메모지의 효과적인 사용방법과 스케줄 작성 비결에 대해 미국의 성공학의 권위자 헤럴드 셔먼의 글을 편역한 것이다. 독자들 모두 메모를 잘 활용하여 성공하는 사람이 되기를 바란다.

편역자 김 용 환

억대 연봉자의
메모 수첩

2014년 1월 15일 초판 1쇄 인쇄
2014년 1월 20일 초판 1쇄 발행

발행처 | 경영자료사
지은이 | 헤럴드 셔먼
편역인 | 김용환
발행인 | 마복남
등   록 · 1967. 9. 14(제311-2012-000058호)
주   소 서울시 은평구 증산로 403-2
전   화 (02) 735-3512, 338-6165 | 팩스(02)352-5707
www.kybook.kr / E-mail :bba666@naver.com

ⓒ 2014, 헤럴드 셔먼

ISBN 978-89-88922-68 2 03320

The Korean Company Growth's 100 Year History

한국기업 성장
100년史

박상하 지음

기업성장史는 과거와 현재와의 끊임없는 대화이며, 나아가
기업의 미래에 대한 통찰력을 길러가는 유일한 고백이다!

경영자료사

소수의 선택된 사실들만이 살아남은
역사적 사실들만의 생생한 기록

한국기업성장 100년史

「한국 탄생의 비밀」이
우리의 숨은 역량을 톺아본 것이라면,
「한국기업성장 100년史」는
그러한 숨은 역량을 입증해 보인
역사적 사실이다!

기업의 성장史란 과거와 현재와의 끊임없는 대화이며, 미래의 목적을
위해 중단 없이 나아가야 할 기업에 대한 통찰력을 길러가는 유일한 고
백이다 -

「한국기업성장 100년史」| 박상하 지음 | 국판 양장본 | 520쪽 | 정가 32,000원 | 경영자료사

한국탄생의 비밀

가장 확실한 예언은
이미 과거의 역사 속에서부터
움트고 있었다!

박상하 지음

역사와 경제 점쟁이의 제자들마저 놀라게 한 '한국의 탄생'

그 위대한 미스터리를 밝혀줄 단 한 권의 통찰

오늘날 「한국의 탄생」에는 지금껏 얘기되지 않은 아버지가 있었다!

경영자료사

가장 확실한 예언은 이미 과거의
역사 속에서부터 움트고 있었다!

한국탄생의 비밀

우리의 과거와 현재, 미래를 밝혀줄
역사를 씨줄 삼고
경제를 날줄 삼아 거시적 관점에서
톺아본 경건한 성찰!

역사와 경제 점쟁이의 제자들마저 놀라게 한 '한국의 탄생'

그 위대한 미스터리를 밝혀줄 단 한 권의 통찰

「한국탄생의 비밀」 | 박상하 지음 | 신국판 | 392쪽 | 정가 18,000원 | 경영자료사

들여다 보는

심리학

데니스 웨이블리외 지음 김용환 편역

어떻게 생각하느냐, 어떻게 행동하느냐?

세상을 움직이는건 인간이고 고객의 욕구가 무엇이며,
진심으로 무엇을 원하는지 거기에
합당한 방법과 지혜를 찾는 것이다.

경영자료사

어떻게 생각하느냐,
어떻게 행동하느냐?

들여다 보는 심리학

세상을 움직이는건 인간이고
고객의 욕구가 무엇이며,
진심으로 무엇을 원하는지 거기에
합당한 방법과 지혜를 찾는 것이다.

심리학을 알아야 인생이라는 게임에서 승리할 수 있다!!

「들여다 보는 심리학」 | 데니스 웨이틀리외 지음 | 김용환 편역 |
280쪽 | 정가 12,800원 | 경영자료사

인생과 비즈니스 경쟁력,
그 성공을 위한 지혜와 처세의 기술!

경영 성공시리즈

어떤 상황에서도 '자신의 판' 으로
만들어 가는
이기는 사람들의 지혜와 처세의 기술,
인생과 비즈니스라는 치열한 전장에서
결코 뒤로 물러서고 싶지 않은
자신에게 최고의 힘이 되어줄 시리즈!!

어떤 분야에서든 성공의 비결은 열정과 성실이다.

아무리 어려운 상황일지라도 길은 있는 법.

이 책에서 결정적인 힌트를 찾아낼 수 있을 것이다.

152×225mml • 각권 13,800원한국인재경영연구회 편저 | 경영자료사